Philosophie
de la communication

Jean-Marc Ferry

Philosophie
de la communication

De l'antinomie de la vérité
à la fondation ultime de la raison

Humanités

LES ÉDITIONS DU CERF
PARIS
1994

© *Les Éditions du Cerf,* 1994
(29, boulevard Latour-Maubourg
75340 Paris Cedex 07)

ISBN 2-204-04883-6
ISSN en cours

Sur un fond de références déjà canoniques à des penseurs aussi divers que Frege, Dewey, Dilthey, Peirce, Wittgenstein, Heidegger, les noms de Rorty, Putnam, Habermas, Wellmer, Apel situent, parmi beaucoup d'autres, des protagonistes du débat philosophique contemporain. Celui-ci rencontre à nouveau les questions ontologiques du fondement : fondement de la raison et de la vérité. Et — comme toujours — la réflexion se heurte à la structure d'antinomies, à travers l'opposition de l'universalisme et du contextualisme, de l'absolutisme et du relativisme.

Comment ces questions fondamentales se posent-elles, aujourd'hui, en fonction des

« changements de paradigme » intervenus dans la philosophie après les fameux « tournants » : de l'herméneutique, de la linguistique et de la pragmatique ? Depuis Descartes, Kant, Hegel, la philosophie moderne et contemporaine semble avoir traversé, malgré ses retours, les différentes figures de la subjectivité et de l'intersubjectivité : figures de la conscience, puis de la réflexion, puis du langage, et à présent, de la communication. La philosophie française ne peut impunément ignorer ce trajet. Elle ne saurait, sans se provincialiser, se désintéresser du nouveau paradigme : celui de la raison communicationnelle, à l'horizon duquel les traditionnelles questions de la philosophie, de l'antinomie de la vérité à la fondation ultime de la raison, s'actualisent sous le signe d'une pensée qui se veut « postmétaphysique ».

1.

Après le « tournant linguistique »
Universalisme et contextualisme

On dit de G. Frege qu'il est le père du tournant linguistique à cause de sa mise au point capitale concernant la différence entre *Gedanken* et *Vorstellungen*, entre pensées et représentations. Au demeurant, W. Dilthey avait établi une distinction semblable entre *Vertretung* et *Vorstellung*, entre représentant et représentation, faisant par là aussi écho à la sémiotique de Charles S. Peirce. Frege n'est sans doute pas le premier à avoir introduit le tournant linguistique dans le sens de cette distinction, mais ce qui importe, c'est plutôt la distinction elle-même et sa portée pour le débat philosophique sur la raison et la vérité.

Pour Frege, une pensée diffère d'une représentation fondamentalement en ce qu'une pensée X reste la même quel que soit celui qui la « porte ». Son contenu est indépendant du sujet en ce qu'il réfère à des états de chose et non à des objets. Par exemple, dire que le chat est un animal exprime une pensée, non une représentation. Que cette pensée soit universelle ne signifie pas que tout le monde pense nécessairement que le chat est un animal (= P), mais qu'à chaque fois que P est pensée, c'est le même état de chose *(Sachverhalt)* qui est pensé, quel que soit le sujet porteur de cette proposition P. En revanche, la représentation du chat renvoie non pas à un état de chose mais à un objet (de la représentation), lequel est propre à chaque porteur de la représentation et dépendant, par conséquent, de chaque représentation subjective singulière.

Cette différence entre pensée et représentation, ainsi qu'entre état de chose et objet, renvoie à l'idée qu'une pensée est caractérisée par la structure propositionnelle : je pense *que* (P). D'où aussi l'idée qu'une pensée est articulée de façon grammaticale, la structure prototypique étant celle du sujet-verbe (être)-prédicat, tandis que, de préférence, le verbe être serait formulé à la troisième personne de l'indicatif présent. Encore une fois, la différence entre pensée et représentation n'est pas, à ce niveau, caractérisée par le fait que seule une pensée est susceptible de vérité, mais par le fait que sa signification ou son contenu énonciatif (*Aussagegehalt, Inhalt*) demeure le même quel que soit le porteur de P. On implique ainsi par là : premièrement, que le contenu de signification d'une pensée, peut être décrypté dans les termes exacts de la phrase qui l'énonce, que donc la teneur d'une pensée n'est pas autre chose que le sens de l'énoncé, c'est-à-dire un sens relevant d'une analyse linguistico-sémantique ; deuxièmement, que c'est seulement sur cette base de structure énonciative grammaticalisée des phrases produites qu'une entente est possible de façon univoque, de sorte qu'il soit possible d'établir des faits.

On peut alors relier la distinction frégéenne entre pensée et représentation (compte tenu des riches implications que comporte cette distinction en ce qui concerne la différence entre états de chose et objets et donc en ce qui concerne l'incidence de ce « tournant linguistique » sur l'ontologie, notamment celle de Kant) à la logique de Ch. S. Peirce. Celui-ci part de l'idée que l'essence de la pensée est « d'avoir une expression possible pour un interprète possible »[1]. Il s'ensuit que la pensée, « [...] étant dia-logique, [...] est essentiellement composée de signes [...] ». Cela conduit Peirce à comprendre pragmatiquement son triangle sémiotique signe-objet-interprétant : ce qui peut se dire, apparte-nant au registre du « signe », n'est pas d'emblée univoque, mais renvoie à un « objet » (ce dont on parle) qui n'est établi qu'au terme idéal d'une entente supposant une séquence indéfinie d'« interprétants ». C'est ce processus que Peirce nomme *sémiosis*. S'il est vrai que la signification d'une phrase énoncée n'est pas déterminée par la visée subjective d'un seul locuteur, mais dépend plutôt d'une intercompréhension poursuivie entre des locuteurs compétents à propos de quelque chose, alors cette indépendance du contenu énoncé dont la signification, selon Frege, resterait la même quel que soit l'énonciateur, n'est plus, cette fois, fondée dans la structure formelle (pro-positionnelle) de la phrase énonçant cette pensée, c'est-à-dire dans une logique sémantique indé-pendante des contextes d'interlocution, mais dans la stabilisation intersubjective d'une entente à propos de l'objet, c'est-à-dire, d'une vérité pos-sible transcendant la certitude d'un seul.

1. C.S. PEIRCE, *Collected Papers*, Harvard University Press, 1931-1960, 4.6. (cité par Christiane Chauviré, le « Pragmatic turn » de C.S. Peirce, *Critique*, oct. 1984, n° 449).

L. Wittgenstein a élaboré, comme on sait, une théorie de la signification liée à l'usage du langage. Il s'agit d'une théorie qui, du moins dans une certaine réception de celle-ci, relierait au fond des éléments d'une analytique proche de la logique de Frege à ceux d'une pragmatique proche de la sémiotique de Peirce, en combinant formalisme et contextualisme. Du formalisme, Wittgenstein conserverait l'idée que la signification d'une pensée ou de la phrase qui l'énonce dépend directement de ce que, aujourd'hui, R. Rorty nomme « programme », un « algorithme » que cette pensée suivrait comme une règle à l'intérieur d'un jeu de langage déterminé. Suivre cette règle est ce qui permettrait de se faire comprendre, du moins, à l'intérieur d'un jeu de langage, de sorte que la pensée signifiante est celle dont l'énoncé utilise et suit correctement telle règle reconnue dans un jeu de langage contingent. Mais c'est dire, d'autre part, que Wittgenstein corrige en quelque sorte le formalisme logique de Frege par un contextualisme pragmatique dont l'intuition semble présente dans la pragmatique de Peirce. Chez ce dernier, il n'est cependant pas possible de parler de « jeux de langage » au pluriel dans le sens de Wittgenstein, car Peirce n'entendait pas faire éclater l'unité de la raison en ontologies régionales. Mais cela ne l'empêchait pas d'impliquer, au niveau de sa sémiotique, la contextualité proprement communicationnelle, interlocutoire, de tout contenu de pensée porté à l'expression symbolique. Cette contextualité n'est pas culturelle. Elle résulte des réquisits logiques de procès d'entente supposant une confrontation entre le représentant et l'interprétant, ainsi et surtout qu'entre les interprétants en chaîne, afin que soit établi l'objet (ce dont on parle). Mais à la différence de L. Wittgenstein, ou tout au moins, de certaines réceptions de sa pensée, Peirce ne fondait pas l'univocité sémantique sur le respect d'une règle d'usage du langage. Cela veut dire que, pour Peirce, l'entente sur ce dont on parle ne dépend pas fondamentalement des propriétés formelles des phrases ni des règles d'utilisation de ces phrases, mais d'un procès d'auto-interprétation interactif, donc d'une pratique. Et, que l'accord ou l'entente pût être limité de façon quasi transcendantale à raison d'un jeu de langage historiquement contingent, admettant de façon limitative certaines règles d'usage conventionnellement admises et in-transportables au-dehors, étant donné l'hété-rogénéité des divers jeux de langage formant des contextes d'intercompréhension exclusifs les uns des autres — cela, Peirce ne le pensait pas.

Si c'était là le vrai Wittgenstein, il cumulerait les inconvénients du formalisme et du contextualisme. C'est précisément une interprétation que Putnam conteste en opposant son Wittgenstein à celui dont Rorty assumerait l'héritage. Contre le formalisme, Putnam fait valoir que, chez Wittgenstein lui-même, la signification d'un énoncé n'est pas strictement liée à l'utilisation correcte d'une règle en usage au sein d'un jeu de langage déterminé. Wittgenstein montre, en effet, qu'il existe des cas où reconnaître la valeur de signification d'une expression linguistique dépend d'un jugement qui est sans règle, dès lors que l'on problématise l'authenticité de cette expression : le locuteur pensait-il ce qu'il a dit ? Bien répondre à cette question, cela suppose, dit Wittgenstein, que l'on « s'y connaisse en hommes » *(Menschenkenner)*. Or, cela dépend de celui qui juge, de son expérience, et toutes qualités individuelles qui réclament autre chose que « suivre une règle ». Putnam aurait pu renforcer encore cette compréhension de Wittgenstein en se référant à des passages des derniers écrits, où celui-ci compare la phrase verbale à une phrase musicale [2], et le thème musical à l'expression

---

2. L. WITTGENSTEIN, *Investigations philosophiques*, trad. P. Klossowski, Paris, Gallimard, 1961, § 531.

d'un visage [3], esquissant une théorie de l'aspect [4], où le concept de « physionomie » est central. Ce faisant, Wittgenstein reliait la signification des phrases à un élément qui dépasse de beaucoup la grammaire formelle des jeux de langage, au sens de suivre une règle, en direction d'un modèle esthétique, proche de la théorie kantienne du jugement réfléchissant, laquelle se recommande-rait justement dans les cas les plus intéressants de la compréhension du sens des phrases énoncées — là où le jugement porté sur cette signification ne peut plus se référer simplement aux conven-tions admises dans un jeu de langage préétabli : la règle n'est pas « déjà donnée ». Putnam aurait pu également souligner ce fait intéressant que, dans cette mesure, Wittgenstein passait d'une analy-tique à une herméneutique du sens.

Richard Rorty se réclame à l'occasion d'une « herméneutique ». Cependant, cette réfé-

---

3. L. WITTGENSTEIN, *Remarques mêlées*, texte allemand et fran-çais, trad. G. Granel, Mauvezin, TER, 1984, p. 64 : « Un thème musical n'a pas moins d'expression [physionomique, *Gesichtsausdruck*] qu'un visage » (cité par Plinio W. PRADO Jr., « De l'art de juger. Remarques sur le visage, l'aspect et le ton », Dossier : Wittgenstein et l'esthétique, Bruxelles, La Part de l'Œil, a.s.b.l., 1992).
4. Je dois ces observations aux travaux éclairants poursuivis par Plinio Walder Prado sur la théorie de l'aspect chez L. Wittgenstein. Voir en aperçu condensé, l'article de Plinio W. PRADO Jr., cité à la note 3.

rence n'est nullement néo-kantienne. Elle s'inscrit dans la perspective du pragmatisme américain de James et de Dewey. Il y va là, à première vue, d'une conception fortement instrumentaliste de la vérité, une conception qui paraît s'opposer frontalement à celle qui fut formée dans l'herméneutique philosophique par H.-G. Gadamer, et en fonction d'une révision heideggerienne de l'herméneutique de F. Schleiermacher et de W. Dilthey. La vérité, selon Rorty, ne s'entend pas du tout comme le dévoilement d'un sens qui serait jeté intersubjectivement entre les étants humains, comme un événement de la signification renvoyant à une histoire de l'être au sens de Heidegger, et qui est tout autre chose que l'événement conçu comme *token* opposé au *type* selon une distinction analytique consacrée dans la sémantique formelle depuis Quine. Le contextualisme de Rorty, si radical soit-il, reste probablement plus modeste, ontologiquement parlant, que celui qui résulte chez nous de la *Destruktion* heideggerienne de la métaphysique — par exemple, chez Michel Foucault. L'événement de sens, *token* plutôt qu'*Ereignis*, n'est pas, dans la tradition théorique dont Rorty hérite globalement, constitutif d'un jeu de langage nouveau ou de nouvelles conditions d'intercompréhension. Plutôt, l'événement de signe, le *token*, comme occurrence d'un type sémiotique, n'est sensé ou signifiant que dans le contexte de règles d'usage déjà là. Putnam reproche justement à Rorty d'aller très loin, trop loin, dans ce contextualisme empirique (et non ontologique). Il lui objecte des conséquences tout à fait contre-intuitives, comme, par exemple, que la physique de Newton ou l'image scientifique correspondante ne serait pas plus vraie ni moins vraie que l'image du monde projetée ou réfléchie par la physique de Descartes. Il lui reproche au fond un relativisme absolu rejoignant l'indifférentisme, reproche que Rorty récuse [5]. Il lui reproche de soutenir que, si telle proposition est jugée vraie, elle est vraie seulement dans et pour tel contexte historique contingent ; mais il n'y aurait pas, pour Rorty, de jeux de langage plus vrais ou meilleurs que d'autres. Les jeux de langage où les actes de parole prennent sens et vérité seraient incommensurables entre eux, de sorte que les prétentions à la vérité qui y sont émises ne pourraient valoir

---

5. Sur une mise au point de Rorty, voir. R. RORTY, « Science as Solidarity », dans J. S. NELSON, A. MEGILL et D. N. MC CLOSKEY (éd.), *The Rhetoric of the Human Science*, University of Wisconsin Press, Madison ; trad. J.-P. COMETTI, « La Science comme solidarité », *Science et solidarité. La vérité sans le pouvoir*, Paris, Éd. de l'Éclat, 1990, en partic. p. 51-55.

que localement, et seulement relativement au contexte. Alors, qu'est-ce que la vérité, dans ce cas ?

La vérité, explique Rorty, ce n'est pas du tout le reflet ou la copie, dans des énoncés, de la structure du réel, un réel naïvement conçu comme un en-soi de faits structurés selon des lois. La vérité serait plutôt la façon dont l'agencement du réel, tel que nous le pratiquons en fonction de nos intérêts variables, satisfait censément ces intérêts constitués socialement et articulés dans des jeux de langage spécifiques. Mais alors, demandera-t-on, quelle est la valeur de vérité de cette conception de la vérité ? Voici, à ce sujet, la réponse de R. Rorty : « Si l'on prétend qu'une théorie qui présente la vérité comme ce qui est efficace est plus efficace que n'importe laquelle des théories concurrentes, on dira qu'elle est plus efficace par rapport à *nos* buts et à *notre* situation particulière dans l'histoire intellectuelle. On ne prétendra pas qu'elle est ce que la vérité est partout et toujours, mais que c'est la conception de la vérité qu'il nous est le plus profitable d'avoir, ou, selon l'expression de James, ce qu'il vaut mieux, pour nous, de croire à son sujet. Considérée comme partie d'une pespective philosophique globale, une telle théorie ferait partie intégrante d'une tentative de saisir notre époque dans la pensée [6]. »

Rorty avait ici en tête cette idée de Hegel, que « la philosophie est son temps saisi dans la pensée ». Il entend conserver de Hegel l'historicisme sans l'absolutisme, ce qui impliquerait une correction « naturaliste » en un sens darwinien affaibli permettant de faire converger le concept de « nature » avec le concept d'« expérience » au sens de Dewey, et non de Peirce, notion continuiste qui admet l'insertion des intérêts sensibles dans le processus cognitif. Ces intérêts sont toujours situés historiquement et déterminés socialement. Ils forment un contexte que Rorty ne veut pas transcender, non pas tant parce qu'il tient cela pour impossible, mais parce que le contexte pratique est normatif pour la théorie. « Normatif » au sens où il définit la tâche, toujours située, du philosophe. « *Hier ist die Rose, hier tanze* ! », disait Hegel. C'est aussi l'idée de Dewey pour qui la fonction des théories philosophiques n'est pas, disait-il, de « venir à bout de la réalité ultime », mais de « clarifier les idées des hommes en relation avec les conflits sociaux et moraux de leur époque ». Aux yeux de Rorty dont l'antiplato-

6. R. RORTY, « Dewey entre Hegel et Darwin », dans J. POULAIN (éd.), *De la vérité. Pragmatisme, historicisme et relativisme*, (*Rue Descartes* n° 5-6), Paris, Albin Michel, 1992, p. 65.

nisme retrouve là une prémisse de la « première » Théorie critique de l'école de Francfort, notamment chez Max Horkheimer, *cet intérêt pratique animant ou devant animer la théorie* justifie par conséquent que l'on renonce aux tentatives métaphysiques, d'ailleurs toutes malheureuses, de penser les termes tels que « vrai », « bon », « juste », selon des relations d'« adéquation » ou de « correspondance » entre « quelque chose d'humain et quelque chose de non humain ». Renoncer à cette transcendance métaphysique et, avec elle, à l'idée emphatique de vérité comme *autre* que l'efficacité [7], serait même libérateur pour l'intelligence philosophique, car cela permettrait de comprendre pourquoi, comme on l'a éprouvé tout au long de ce siècle, on « peut décrire la même chose de différentes manières en fonction de différentes fins ». Et cela justifie que l'on rompe avec ces questions kantiennes : « Que puis-je savoir ? », « Que dois-je faire ? », au profit de questions pragmatiques qui sont typiquement celles de Dewey : « Quels buts communau-

---

7. Cependant, dans son essai « La Science comme solidarité », Rorty propose une conception beaucoup moins instrumentaliste de la vérité, lorsque notamment, p. 54, il écrit : « nous devons penser le "vrai" comme un mot qui s'applique aux croyances au sujet desquelles nous sommes capables de manifester notre accord, un mot que nous tiendrions pour rigoureusement synonyme de "justifié". »

taires devrais-je partager ? », « Quelle sorte de personne préférerais-je être ? ».

Rorty est souvent regardé comme un « postmoderne ». Mais on pourrait voir aussi dans son geste, et suivant la façon dont il se présente lui-même en se réclamant de James et de Dewey, un humanisme postmétaphysique. Cependant, peut-on réduire la question de la vérité à celle de l'efficacité sans porter atteinte à l'humanisme, même si l'efficacité invoquée par Rorty s'entend en un sens probablement très large ?

Or, lorsque Putnam critique Rorty, d'une part, il s'accorde avec lui pour reconnaître l'inanité de théories réalistes (au sens du réalisme transcendantal) de la vérité, et cela, étant donné qu'il n'y a pas « de chose telle que le langage propre au monde lui-même, il y a seulement les langages que nous, utilisateurs du langage, inventons pour nos divers buts [8] ». Mais, d'autre part, il reproche à Rorty de considérer qu'il « n'y a pas un jeu de langage qui serait *meilleur* qu'un autre excepté au sens de *meilleur relativement à certains intérêts* ». Et pourtant, Putnam explique que « nos idéaux cognitifs n'ont de sens que si on les considère comme une partie de notre idée de

---

8. H. Putnam, « Wittgenstein, la vérité et le passé de la philosophie », dans *De la vérité...*, p. 74-75.

l'épanouissement humain ». Certes, la pratique de la connaissance scientifique ou philosophique a besoin d'idéaux qui sont intimement liés à une perspective humaniste. Du moins le pensons-nous si nous adhérons au principe civilisationnel de tout un projet, celui de la modernité, qui résorbe même en son sein les contre-attaques idéologiques. Mais affirmer ce lien, malgré tout fragile, entre l'activité de la connaissance et les idéaux de la moralité ne veut pas dire que la vérité du vrai que nous établissons dans l'activité cognitive soit au fond celle du bon et que, conceptuellement, il nous serait possible, toute illusion métaphysique étant dissipée, d'affirmer que la vérité de la vérité, c'est l'efficacité entendue même en un sens aussi large et apparemment humaniste qu'on voudra.

C'est précisément ce que Putnam défend contre Rorty, contre Bernard Williams également, et en référence à Kant. Kant, dit-il, « pense que nous ne pouvons pas construire une image morale du monde en cherchant à prouver *a priori* qu'il y a des jugements de valeur qui sont vrais [...]. Sa stratégie consiste à dire qu'en tant qu'être qui émet tous les jours des jugements de valeur, je suis de toute évidence engagé à penser qu'il y a des jugements de valeur qui sont vrais ».

Et d'ajouter : « Qu'est-ce qui *doit arriver pour qu'il y ait des jugements de valeur qui soient vrais* ? Dans quel type de monde peut-il y avoir des jugements de valeur qui soient vrais [9] ? »

Pour répondre, Putnam se réfère, lui aussi, à la théorie wittgensteinienne des jeux de langage. Ou bien on la comprend de façon positiviste, en disant, par exemple, que l'« usage des mots peut être décrit en termes de ce qu'il est permis aux locuteurs de dire et de faire dans des situations observables ». C'est l'attitude objectivante, dite « de la troisième personne » ; ou bien on comprend la théorie wittgensteinienne de la signification liée à l'usage des mots dans un jeu de langage, en considérant que celui-ci ne peut être décrit « sans user des concepts qui sont reliés aux concepts employés dans le jeu ». C'est l'attitude herméneutique défendue par Winch, et que Putnam choisit, en faisant valoir que, dans ce cas, « *comprendre un jeu de langage, c'est partager une forme de vie* ». À cette idée il ajoute que, pour participer vraiment, il faut voir l'enjeu, comme dit Habermas à qui Putnam se réfère ici, sans quoi le joueur ne peut pas juger si le critère est appliqué raisonnablement ou s'il ne l'est pas. Il est donc impossible de décrire correctement ce

---

9. H. Putnam, p. 84-85.

« jeu de la vérité », en disant que les joueurs font certains bruits dans certaines situations observables.

Putnam s'appuie sur cette réflexion de Habermas pour affirmer l'autonomie et l'irréductibilité logiques de la vérité dans le cadre même de la conception wittgensteinienne, « postmétaphysique », résultant des fameux « tournants » (linguistique, herméneutique et pragmatique).

Voici la conclusion de Putnam : « L'idée que les conditions d'assertabilité sont des conditions de production d'un *bruit* constitue une totale distorsion de ce que Wittgenstein voulait dire. " Assertabilité " et " vérité " sont des notions reliées de l'intérieur : on en vient à les comprendre toutes les deux en se tenant à l'intérieur d'un jeu de langage, en voyant son " enjeu " et en *jugeant* de l'assertabilité et de la vérité. »

Ici, la notion pragmatique d'« enjeu » vient pour ainsi dire en place de la notion herméneutique, plus classique, de « principe ». L'enjeu est ce qui donne à un jeu de langage son identité, de sorte que l'on puisse savoir ce qui, parmi les modifications des règles du jeu (car ces règles ne sont pas fixes), compte éventuellement comme une réforme ou une transformation. C'est aussi ce qui permet d'évaluer dans ce jeu, fixe ou non, l'argument qui compte comme plus fort ou plus faible, et par conséquent, vaut plus ou moins au regard de la vérité.

Mais alors, puisque l'on ne peut pas désigner de l'extérieur les critères d'assertabilité et de vérité valant dans un jeu de langage, on ne peut déclasser certaines formes de vie ou jeux de langage correspondants comme précognitifs ou pré-rationnels, parce que, par exemple, les règles constitutives ne seraient pas les mêmes que dans des formes de vie modernes ou dans des jeux de langage scientifiques. Dans tout jeu de langage, si éloigné qu'il soit de celui qui nous est familier, nous devons prendre au sérieux les « coups », non comme des « bruits » mais comme des « prétentions à la validité » qui ne peuvent être comprises que dans l'attitude de celui qui prend part à une discussion (et non pas dans l'attitude de celui qui observe des comportements).

Cette attitude performative situe d'emblée le philosophe (ou le sociologue ou l'ethnologue) sous l'idée d'une vérité à établir intersubjectivement, et idéalement, au terme d'un procès d'intercompréhension. De ce fait, comme dit Dewey, la philosophie « ne jouit pas de l'autorité mosaïque ou paulinienne d'une révélation ». Elle se fait plutôt un devoir de prendre au sérieux les actes de parole émis dans des contextes, même très éloignés de nous, comme des propositions de sens, qui sont envisageables pour nous et discutables, c'est-à-dire, principiellement, aussi susceptibles de vérité que les nôtres. Cependant, s'il est vrai que nous devons adopter cette attitude à l'égard d'un autre, une question demeure : comment le pouvons-nous ?

2.

L'antinomie de la vérité
Absolutisme ou relativisme ?

Nous entrons à présent dans une problématique qui, dirais-je, est moins atlantique ou
analytique, et plus continentale ou herméneutique. Cette problématique résulte notamment du
travail accompli jusqu'ici par la conscience de
l'historicité — un travail qui nous met
aujourd'hui face à ce que Albrecht Wellmer
nomme « antinomie de la vérité ».

Mes développements précédents visaient à
montrer que la question philosophique de la
vérité n'est réductible ni aux déterminations pratiques substantielles de contextes d'intérêts ni aux
déterminations systématiques formelles de règles
du jeu. Je voulais aussi montrer en quel sens la

position de R. Rorty trahirait une mauvaise synthèse du formalisme et du contextualisme. Mais en m'appuyant sur le Wittgenstein revendiqué par Putnam, je sous-entendais qu'un concept non réductionniste de vérité, qui, lui aussi, tire profit du « *linguistic/hermeneutic/pragmatic turn* », est en mesure de soumettre la philosophie de Kant à une déflation caractérisée, tout en conservant l'essentiel de l'idéalisme critique ; qu'elle est en mesure, par conséquent, d'éviter le scepticisme postmoderne, sans reconduire pour autant la « métaphysique » au sens de Derrida.

Cette situation ou cette prétention caractérise des positions philosophiques qui, par-delà les différences, apparentent des penseurs tels que Habermas, Apel, Wellmer. Ce dernier a notamment posé le problème dans des termes qui me semblent pédagogiquement efficaces. D'emblée A. Wellmer situe ainsi l'« antinomie de la vérité » dans la perspective d'une théorie communicationnelle :

> Lorsque nous communiquons, exposons ou écrivons quelque chose, nous élevons inévitablement des prétentions à la vérité, ou plutôt [...] des prétentions à la *validité* de divers ordres. Or, si je le fais de manière sérieuse, je m'attends à ce qu'autrui, quel qu'il soit, ait de bonnes raisons pour être d'accord avec ce que j'ai affirmé, à

condition qu'il ou elle comprenne ce que j'ai dit, et possède suffisamment d'informations, de compétence, de jugement, etc. En ce sens, je présuppose que ma prétention à la validité se prête parfaitement à une entente intersubjective fondée sur de bonnes raisons. Mais s'il advenait toutefois que quelqu'un s'opposât, à l'aide d'arguments solides, à ce que j'affirme, il me faudrait alors retirer ma prétention à la validité, ou admettre, à tout le moins, que le doute est justifié. Tout ceci peut paraître passablement trivial, mais nous savons bien que ce sont souvent de telles trivialités qui se trouvent au centre des controverses philosophiques les plus intéressantes. Si on entreprend de réfléchir à ce qui fait un bon argument ou une preuve irréfutable, on perd facilement pied ; surtout lorsqu'on réalise à quel point il peut être difficile d'obtenir un accord en ce domaine. Compte tenu du fait qu'il existe des désaccords irréductibles entre les membres de différentes « communautés » linguistiques, scientifiques ou culturelles en ce qui concerne la possibilité de justifier des prétentions au vrai quant à l'existence de schèmes argumentatifs ou de la force de conviction inhérente aux preuves empiriques, il convient peut-être de se demander s'il nous est tout de même permis de supposer qu'il existe — quelque part — des schèmes ou des convictions adéquats, c'est-à-dire une vérité *objective* recevable pour les problèmes en question. Ou bien nous faut-il plutôt admettre que la vérité est toujours « relative » aux cultures, aux langues, aux sociétés ou même aux personnes ? Si la seconde solution — le relativisme — paraît inconséquente, la première — l'« absolutisme » de la vérité — semble devoir impliquer des présuppositions métaphysiques. C'est ce que je nomme l'« antinomie de la vérité [1] ».

L'antinomie est bien connue. Même si tous les philosophes ne semblent pas l'avoir prise en vue, elle est présente en permanence dans les discussions philosophiques contemporaines. Ce sont les stratégies pour essayer d'en sortir qui sont intéressantes. Négativement, il faut montrer, d'un côté, qu'une critique de l'absolutisme ne conduit pas nécessairement au relativisme (Rorty, Castoriadis), de l'autre côté, qu'une critique du relativisme ne conduit pas nécessairement à l'absolutisme (Apel, Putnam). Il y a, comme à l'extérieur, la position consistant à tenir que la vérité est une notion désespérément métaphysique, bien qu'il n'y ait pas de voie directe pour en sortir, car nous ne pouvons, de toute évidence, nous passer du concept de vérité. C'est la position

---

1. Albrecht WELLMER, « Vérité, contingence et modernité », dans J. POULAIN, *De la vérité. Pragmatisme, historicisme et relativisme* (*Rue Descartes* n° 5-6), Paris, Albin Michel, p. 177-178.

que soutient notamment J. Derrida, dans *L'Écriture et la Différence* [2]. Contre un tel verdict définitif, il reste à faire valoir que l'on peut maintenir à la vérité une référence non-métaphysique, et qu'à cet égard la position sceptique qui tient la vérité pour une notion désespérément métaphysique se révélerait plutôt comme une métaphysique à l'envers, car elle ne peut rendre compte du lieu d'où serait portée une telle sentence sur l'essence de la vérité, du moment qu'elle aussi *doit* prétendre à la vérité. Quelle est alors cette *différence*, justement, entre la vérité dont Derrida juge la notion désespérément métaphysique, et celle à laquelle il doit prétendre pour porter ce jugement ? C'est une vraie question, non pas une objection rhétorique. Il y va précisément de la différence entre une idée métaphysique et une présupposition pragmatique.

Le point est alors ce que nous *présupposons* nécessairement à chaque fois que nous affirmons quelque chose qui est, ou qui doit être, ou que l'on éprouve par rapport à ce qui est ou doit être. Lorsque, par exemple, Rorty dit en substance : « Je conçois la vérité comme efficacité et c'est l'efficacité pour notre contexte qui

---

2. J. DERRIDA, « La structure, le signe et le jeu dans le discours des sciences humaines », dans *L'Écriture et la Différence*, Paris, Éd. du Seuil, 1967, p. 427, n. 2.

confère sa valeur supérieure à cette théorie de la vérité », il me semble qu'il s'expose à une objection à laquelle un pragmaticien éprouvé tel que lui ne saurait manquer d'être sensible.

En effet, ou bien Rorty présente comme *simplement vraie* l'affirmation que l'efficacité pour débrouiller nos propres difficultés est ce qui confère une valeur supérieure à sa théorie de la vérité comme efficacité, et il n'est alors pas conséquent avec lui-même : pragmatiquement parlant, ce n'est pas, dans ce cas, le fait d'être simplement vraie, qui suffira à fonder, selon ses propres prémisses, la valeur de cette affirmation. Ou bien, de façon plus conséquente, Rorty nous présente cette affirmation non comme vraie simplement mais comme efficace pour nous, et il détruit par là même l'efficacité à laquelle il prétend. En effet, et c'est une thèse que je voudrais ici défendre, ce que nous dit Rorty sur la vérité de la vérité n'est efficace pour nous que si nous le tenons pour vrai. Et si, afin que sa conception soit efficace, il devait d'aventure nous dissimuler cette vérité de la vérité, que serait l'efficacité pour nous (même en vue des fins éthiquement les plus souhaitables), alors il ne pourrait envisager que des succès perlocutoires, c'est-à-dire des succès qui arrachent le locuteur aux liens illocutoires définissant le contexte d'intercompréhension dans lequel, pourtant, il prétend s'inclure.

Je vois ici le point faible d'une réduction instrumentaliste de la vérité. Parmi les usages auxquels la vérité se rattache, celui qui exprime l'approbation n'est pas le moindre. Que signifie alors approuver une expression propositionnelle du type : « Je pense que P », si cette approbation revient à dire de P : « Mais oui, c'est efficace ! » ? Même si l'efficacité au nom de laquelle j'approuve P concerne des aspects intellectuels de clarification, je confère à P une force bien différente, et à vrai dire, bien inférieure, d'un point de vue illocutoire, que si je me contentais d'en dire : « Mais oui, c'est vrai ! » Dans le milieu de la communication langagière, je ne suis pas lié par la reconnaissance de l'efficacité d'une proposition de la même façon que je le suis par la reconnaissance de sa simple vérité. Si l'on y réfléchit concrètement, en imaginant pratiquement la différence entre *la façon dont je suis engagé,* lorsque j'approuve une expression au nom de sa vérité simple et lorsque je l'approuve au nom de son efficacité, on s'aperçoit que, dans le premier cas, je m'implique dans l'attitude de la deuxième personne, celle d'un participant, tandis que, dans le second cas, je glisse subrepticement vers l'attitude extérieure, objectivante, d'une troisième personne, celle d'un observateur, caractéristique de la position « ironiste » que Rorty se plaît aujourd'hui à incarner [3] : «Oui, cette affirmation est efficace... » Or, c'est justement dans la mesure où je l'approuve ainsi, que je m'en *délie*.

Pragmatiquement parlant, la vérité de ce qui est vrai pour nous ne peut, me semble-t-il, être *ramenée* à ce qui est efficace pour nous que par celui qui se situerait, de ce fait, à l'extérieur de « nous ». Mais, dans ce cas, rien ne peut censément se dire de valable *sur* nous qui soit valable *pour* nous. Rorty s'arracherait ainsi lui-même au contexte d'où il prétend tenir la validité de ses propos. Ce faisant, il sous-estimerait aussi les conséquences normatives concrètes des idéalisations engagées par les locuteurs dans des procès d'argumentation, à commencer par celle qui consiste spécifiquement, pour lui, à viser la reconnaissance rationnelle de sa prétention à la vérité *comme telle*.

Alors, comment penser ensemble l'idée d'une vérité qui, en tant qu'elle est humaine, ne peut valoir absolument, mais que l'on doit cependant pouvoir penser comme transcendant les contextes d'où les prétentions à la vérité sont émises ?

---

3. R. Rorty, *Contingence, ironie et solidarité,* trad. par Pierre-Emmanuel Dauzat, Paris, Armand Colin, 1993.

C'est là que, du côté de Putnam, Apel, Habermas, on admet comme une sorte de fait non empirique des « idéalisations nécessaires ». Il est vrai que nos jugements sont dépendants de ressources culturelles valables à une époque donnée dans un lieu donné. Mais les arguments qui fondent leur validité ne peuvent pas invoquer cette factualité contextuelle. À chaque fois que l'on s'engage dans un processus d'intercompréhension langagière, avec tout ce que décrit à ce propos la pragmatique formelle, on assume des idéalisations sans lesquelles nous ne pourrions faire un pas supplémentaire dans la tentative de nous entendre avec quelqu'un à propos de quelque chose. Est-ce métaphysique ? Rien n'est moins évident. Car, en tant qu'idéalisations, elles sont justement le signe de notre finitude ontologique, une finitude marquée par l'ambivalence constante de cette « transcendance immanente », dont parle Habermas, et qui fait qu'avec le premier jugement prononcé nous attendons une épreuve de vérité qui, attestation ou falsification, porte au-delà des possibilités offertes ici et maintenant, dans la situation de parole réelle et dans la communauté actuelle de communication.

Le travail consiste alors à montrer que des idéalisations sont nécessaires, et lesquelles. Face à cet effort, les objections faussement réalistes revenant à dire qu'*il n'y a pas* de communication idéale, transparente, sans violence, etc. sont tout simplement triviales. Car le fait qu'il n'y ait sans doute pas de communication idéale n'entraîne pas qu'il n'y ait pas d'idéal de la communication. Si clair que soit ce point, il ne saurait clore la discussion sur la vérité. C'est plutôt le point critique à partir duquel Wellmer entreprend de la poursuivre.

Pour Wellmer, il est clair que les « idéalisations nécessaires » de la communication ont bien, chez Putnam, Apel, Habermas, le statut kantien d'idées régulatrices, et que, dans cette mesure, elles ne sont évidemment pas des « illusions métaphysiques » au sens de Kant, mais forment plutôt, comme dit Apel, un *sinnkritisch notwendiges Postulat*, un postulat nécessaire du point de vue d'une critique du sens.

Cependant, Wellmer soupçonne que, derrière la reconstruction d'« idéalisations nécessaires », puisse se cacher une sorte d'idéologisation proprement philosophique, qui les rendrait bel et bien « métaphysiques » au sens, cette fois, de Derrida. Albrecht Wellmer problématise moins les idéalisations qui ont lieu dans la pratique quotidienne que la façon dont la théorie les comprend. On peut, en effet, comprendre ces supposées idéalisations de la pratique en un sens fort, totalisant, ou, au contraire, dans un sens faible, localisant. Wellmer rejette Putnam, Apel et même Habermas dans le camp « totalisant », pour se réclamer du sens « localisant » — à mi-chemin, somme toute entre Rorty et Apel. Cela éviterait, selon lui, de tomber sous les objections de « métaphysique » (Derrida) et d'« absolutisme » (Rorty), de faire droit à un certain contextualisme, sans toutefois dériver vers un relativisme autocontradictoire et ruineux pour l'idée de vérité. Wellmer veut montrer que, *même en tant qu'idées régulatrices*, les idéalisations de la pratique, dès lors qu'elles sont comprises et reconstruites par la théorie dans un sens fort, totalisant, reproduisent une idée de vérité ou de raison, qui est encore « métaphysique », c'est-à-dire affectée des prédicats de plénitude, d'absoluité, de transparence, propres aux idées de la métaphysique.

Deux questions : En quoi l'idée communicationnelle serait-elle toujours métaphysique au sens de Derrida ? Pourquoi ne faudrait-il pas qu'elle le soit ?

À la première question A. Wellmer répond ceci :

Cette idée d'une communauté idéale de communication est tout à fait métaphysique, au sens de Derrida, puisqu'elle représente [...] une notion de communauté communicationnelle qui aurait échappé « au jeu de l'ordre du signe » ; soit un état de pleine transparence, de connaissance absolue, de perfection morale, bref, une situation de communication qui aurait transcendé les contraintes, l'opacité, la fragilité, la temporalité ainsi que la matérialité de la communication humaine et finie. Derrida a souligné avec justesse que de telles idéalisations niaient les conditions de possibilité de ce qui est idéalisé. La communication idéale serait la communication au-delà des conditions de la « différence », pour utiliser le terme de Derrida, et donc une communication en dehors et au-delà des conditions de possibilité de la communication [4].

Voilà pour le caractère métaphysique de l'idéal communicationnel, tel que Wellmer tend à le simplifier. Notons que, bien kantiennement, l'idée régulatrice peut toujours conserver le *contenu* des idées métaphysiques, car, ce qui importe pour la question critique, c'est le *statut* et non le contenu de ces idées. Poser la question du statut de l'Idée, c'est, par exemple, demander si elle est investie comme un idéal pratique ou si, plutôt, elle est assumée dans une perspective méthodique, pour expliciter ce qui est signifié à travers les idéalisations de la pratique, et ce qui

---

4. A. WELLMER, *ibid.*, p. 181.

vaudrait pour horizon du sens même de cette pratique. De fait, la critique adressée par Wellmer (avant tout) à Apel, implique que les idées régulatrices seraient un idéal à réaliser, ce qui trahit une correction jeune-hégélienne du kantisme. C'est aussi ce qui éclaire la réponse de Wellmer à la deuxième question que je posais : pourquoi faudrait-il renoncer, dans « l'usage régulateur des idées de la raison », à un contenu idéaliste fort, totalisant ? Pourquoi ne faudrait-il pas que l'idée communicationnelle soit « métaphysique » au sens de Derrida ? — Parce que, explique Wellmer, « l'idée d'une communauté idéale de communication demeure paradoxale, si on la prend comme une simple idée régulatrice, à quoi rien de réel sur terre ne peut correspondre ; car c'est le sens de ces idées régulatrices que de nous obliger à travailler à leur réalisation. Ce qui est ici paradoxal, c'est que nous serions alors contraints de tendre vers un idéal dont la réalisation signifierait la fin de l'histoire de l'humanité. Le *télos* est la fin : c'est cette structure paradoxale qui confère un caractère métaphysique à la théorie de la vérité chez Apel [5] ».

D'un autre côté, Wellmer pense que Derrida n'a pas tiré les bonnes conclusions de son

_____
5. *Ibid.*

constat juste, en estimant que le caractère nécessairement métaphysique des idéalisations de
vérité inviterait à abandonner la philosophie
transcendantale au profit de la déconstruction.
Wellmer rejette l'absolutisme de la « fondation
ultime », chez K. O. Apel, mais il reste dans la
ligne de Habermas, tout en voulant affirmer et
affaiblir la notion habermasienne de « situation
idéale de parole » — expression qu'au demeurant
Habermas semble avoir abandonnée à cause des
malentendus tenaces qu'elle aurait selon lui sus-
cités. Wellmer veut affiner le débat, et pour cela,
il prend la question plus en amont, en problémati-
sant la notion habermasienne, apelienne, voire
putnamienne, d'« idéalisation nécessaire ». Mais
il s'attache plutôt à ce que Habermas entend par
là. Simplement ceci : « Lorsque nous arrivons
à un consensus, que nous croyons être fondé sur
de bonnes raisons, nous prenons alors pour
acquis qu'aucun argument n'a été supprimé et
qu'aucun des participants à la discussion n'a été
empêché de présenter des contre-arguments perti-
nents [6]. »

Wellmer précise à ce sujet qu'il s'agit
encore d'une idéalisation performative, éminem-
ment falsifiable, si, par exemple, on découvre

---

6. A. WELLMER, p. 183.

rétrospectivement des contraintes qui ont barré l'expression de participants. Et, dit-il, « ce serait mal interpréter cette idéalisation que de la comprendre comme l'anticipation d'une situation idéale de communication (l'erreur de Apel) ou comme un schème idéal d'argumentation rationnelle, qui servirait à " mesurer " de l'extérieur la rationalité des consensus ». Au fond, il y aurait trois degrés dans la reconstruction des situations d'intercompréhension, lesquelles sont évidemment aussi, surtout au départ, des situations de différends ou de malentendus, mais que l'on refuse de figer comme telles, ou pis, d'hypostasier comme l'horizon des pratiques sociales, ainsi que je soupçonne J.-F. Lyotard d'en user avec le thème emphatique du « différend ». Ces trois degrés seraient les suivants : le niveau des présuppositions pragmatiques du discours, le niveau des idéalisations propres aux acteurs de la communication, le niveau des idéologisations propres aux fondations philosophiques.

Le troisième niveau serait déjà en vue, lorsque l'on interprète les présuppositions pragmatiques du discours ordinaire dans le sens d'« idéalisations nécessaires », qui transcenderaient la situation factuelle ou réelle au point d'être pour ainsi dire falsifiées d'avance, tant elles sont contrefactuelles. Si je l'ai bien compris,

Wellmer veut s'en tenir au premier niveau, peut-être à un deuxième niveau, mais « faible », en montrant que lesdites « idéalisations nécessaires » « ne sont pas, à strictement parler, des idéalisations [7] ». Cela engage Wellmer à faire un long bout de chemin avec l'adversaire théorique habituel de Putnam : R. Rorty, en exposant les relations profondes qu'entretient ce que Rorty nomme « reconnaissance de la contingence » avec les arguments d'une culture libérale.

Oui, le principe libéral de nos sociétés ouvertes exclut toute fondation ultime ; la réserve faillibiliste s'impose à toute prétention à la validité ; nos évidences partagées et nos vérités sanctionnées doivent être relativisées au regard de l'extériorité que représentent les autres cultures. Oui, enfin, les images du monde, prises globalement, ne sont ni vraies ni fausses, et je ne peux pas justifier mon langage devant quelqu'un qui « joue » un jeu de langage complètement différent du mien.

Mais, fait remarquer aussitôt Wellmer, les cas intéressants ne sont pas ces cas limites, somme toute abstraits, d'incommunication radicale. Les cas intéressants, pour la théorie comme dans la pratique, sont plutôt ceux où « des voca-

---

7. A. WELLMER, p. 184.

bulaires différents — mais se recoupant partielle-
ment — se confrontent ». Le « langage commun », éventuellement postulé dans un sens idéa-
lisant, en réalité, n'est pas au départ, mais plutôt,
quand tout se passe bien, au point d'arrivée des
argumentations. Ce serait là, pour Wellmer, l'élément de « différence » qu'implique notre pratique
quotidienne. Cependant, les justifications purement intérieures à un jeu de langage, de même
que les justifications purement extérieures à notre
jeu de langage, sont, encore une fois, des cas
limites assez abstraits et peu intéressants, qu'il
n'est pas franchement utile de dramatiser. Et c'est
là que Wellmer introduit sa relativisation du
contextualisme. Au regard de l'espace « intéressant » qui est en outre le cas normal : ni identité
pure, ni différence pure, « la contextualité [...] de
toute argumentation est alors compatible avec le
fait d'élever des prétentions à la vérité qui transcendent le contexte [8] ». Telle est la voie d'un universalisme faible qui, ni relativiste ni absolutiste,
serait compatible avec un contextualisme non
radical.

Wellmer ne va pas plus loin. Aussi,
j'aimerais faire un point plus systématique sur la

---

8. *Ibid.*, p. 189.

bataille du contextualisme, c'est-à-dire sur le débat « dépendance *vs.* transcendance par rapport aux contextes » (I). Ensuite, j'aimerais infléchir la critique que Wellmer adresse aux « idéalisations fortes » de la pragmatique communicationnelle « universelle » ou « transcendantale », en tentant de dissiper ce que je pense être un *malentendu cognitiviste* à propos d'une « métaphysique de la transparence communicationnelle » (II).

3.

Mise au point sur le mythe
de la « transparence communicationnelle »

Ad I. — Trois objections peuvent notamment être adressées au contextualisme.

La première objection renvoie à une anthropologie philosophique et culturelle. Elle a notamment été instruite par les travaux de Elmar Holenstein [1], en Allemagne, sur la compréhension interculturelle. Elle consiste en gros à établir qu'il y a beaucoup plus d'invariants transculturels qu'on ne le pensait dans la première moitié du siècle, sommet du relativisme culturel ; que les variations intraculturelles sont tout aussi impor-

---

1. E. HOLENSTEIN, *Menschliches Selbstverständnis*, Francfort-sur-le-Main, Suhrkamp, 1985, (en particulier, la troisième partie : « Interkulturelle Verständigung »).

tantes que les variations interculturelles, et que les cultures se distinguent les unes des autres beaucoup moins par des significations et valeurs différentes que par des situations ou positions différentes qu'occupent ces significations dans l'ensemble symbolique définissant chaque contexte culturel. Je ne peux ici développer cet argument dans le détail, mais il est empiriquement convaincant.

Le deuxième argument est, quant à lui, d'ordre logique ou épistémologique. Il résulte d'une simple réplique : qui a suffisamment appris pour savoir définitivement qu'une intercompréhension est impossible avec des cultures étrangères ? Bien entendu, ce n'est pas une objection *ad hominem*. C'est une objection principielle qui pointe le fait ironique que ceux qui affirment l'incommunication transcendent les limites de la finitude. Qui, autrement dit, peut se réclamer d'une expérience ou d'une pratique d'entente menée assez loin (au terme de l'espace et du temps ?) pour conclure à une incommunicabilité de certaines croyances ou significations par-delà certains contextes d'intercompréhension ?

Le troisième argument est d'ordre pragmatique et critique. Il consiste à dire que toute tentative de compréhension de l'autre est une pratique qui, quant au sens, ne peut être comprise sur le modèle historiciste radical d'un « comprendre toujours autrement » (H. G. Gadamer) suivant le « jeu de la vérité » ou la « guise de l'être » (Heidegger). Du point de vue d'une pragmatique transcendantale (Apel), et non sous les prémisses de l'ontologie fondamentale, comprendre est une pratique dont le sens, en tant que pratique jamais achevée, est nécessairement orientée vers l'idée d'un « mieux comprendre » — et non pas d'un « comprendre à chaque fois autrement », suivant le mot d'ordre heideggerien d'une « herméneutique de la facticité » : la *Jeweiligkeit*. J'insiste : Apel ne parle pas pour l'idéal d'un « comprendre absolument », par exemple, dans le sens d'une transparence à soi de soi-même et d'autrui, mais pour l'idée d'un *mieux* comprendre — ce qui se tient encore dans la relation à ce qui est, et non dans l'abstraction d'un savoir total. Mais peut-être l'idéal absolutiste se maintient-il en arrière-plan de l'idée régulatrice. Quoi qu'il en soit, Wellmer ne rend pas tellement justice à Apel, d'un point de vue philologique, lorsqu'il critique chez lui, sans médiation, l'absolutisme de l'Idée communicationnelle.

Apel s'appuie sur la conception d'une « herméneutique normative » (mieux comprendre) pour aller ensuite vers l'éthique communicationnelle : mieux *se* comprendre, donc, mieux communiquer, donc, mieux se reconnaître les uns les autres. Justement, c'est là que je voudrais intervenir pour infléchir l'orientation cognitiviste de l'éthique communicationnelle, en invitant à réfléchir sur ce que l'on nomme « présuppositions normatives » des actes du discours ordinaire.

Ad II. — Réfléchissons à ce qui est présupposé, lorsque nous essayons de nous comprendre et nous entendre dans le milieu du discours, c'est-à-dire intersubjectivement au cours de discussions supposant notamment la possibilité de produire et de faire reconnaître des arguments plus ou moins forts.

Dans ce milieu, nous produisons des énoncés grammaticalisés en forme de propositions. Lorsque, dans une discussion, nous affirmons ou nions quelque chose, nous prétendons à la vérité. Je laisse de côté le cas spécial des réserves psychologiques ou idéologiques dont les locuteurs, surtout dans les milieux intellectuels, peuvent assortir à chaque fois leurs prétentions à la vérité. La question proprement logique à laquelle je m'intéresse ici, et à laquelle s'intéresse la pragmatique formelle des discours est celle-ci : peut-on dire que cette présupposition : « Je prétends à la vérité en affirmant que (P) » (et quel que soit P), serait d'emblée logiquement dirigée vers un idéal de vérité absolue ? Si je dis, par exemple : « Le chat est un animal », je prétends dire quelque chose de vrai, sans pour autant inscrire cette prétention à la vérité dans la perspective d'un idéal de connaissance achevée du chat en général. *Au sein d'un jeu de langage ordinaire,* la visée première, principale, de mon énonciation n'est *pas* de faire *connaître* le chat (et encore moins d'engager un processus de recherche sur le chat comme animal), mais de faire *reconnaître* la vérité de mon affirmation. Une autre question est de savoir si je peux éviter le problème de la connaissance du chat dans mon attente que soit reconnue la vérité à laquelle prétend mon affirmation relative à ce qu'est le chat. Ce qui importe, c'est que la visée performative de cette proposition, en tant qu'énonciation, n'est pas une visée cognitive, mais une visée illocutoire ou communicationnelle au sens fort de ce qui peut être compris et accepté, c'est-à-dire reconnu.

En outre, je peux même être certain que je dis vrai en disant que le chat est un animal, sans que, dans le sens de la visée illocutoire, mon affirmation présuppose une prétention directe à la vérité cognitive. Je présuppose seulement, pragmatiquement parlant, que mon affirmation est digne d'être acceptée — « digne » voulant dire que c'est suffisamment raisonnable, aux yeux d'autrui, pour être discuté. Ce n'est donc pas la vérité cognitive, qui est d'abord et spécifiquement présupposée, mais l'acceptabilité interlocutive, étant entendu que cette acceptabilité dépend en l'occurrence d'une crédibilité de mon énoncé, ce qui renvoie à sa vérité possible.

Or, qu'est-ce qui est en jeu dans cette attente orientée non pas vers la *connaissance* mais vers la *reconnaissance* ? Ici on peut cesser de parler seulement de « présuppositions » pour aborder également la question plus trouble des « idéalisations » qui, en quelque sorte, investiraient les présuppositions d'une charge idéaliste. Il est déjà, à ce niveau, plus difficile de faire la part entre ce qui est purement logique et ce qui est psychologique ou idéologique.

Ce que j'« idéalise », lorsque j'affirme quelque chose dans le milieu des interlocutions ordinaires, c'est d'être reconnu comme un *sujet capable de répondre*. Être capable de répondre signifie là quelque chose de plus que répondre à une question. Je veux être reconnu comme un sujet capable de répondre *de ce qu'il dit*, comme une personne digne de discussion, par conséquent, ou encore, comme quelqu'un de « responsable », au sens assez littéral que confère cette fois à l'idée de responsabilité l'approche d'une théorie pragmatique des actes de discours et de l'intercompréhension langagière orientée vers l'argumentation. Cette responsabilité à la fois présupposée et quelque peu idéalisée est, dans cette mesure, une présupposition normative, constitutive pour sa part d'une éthique de la discussion.

C'est pourquoi la critique rebondit vers un second *round*. On pourrait, en effet, objecter à présent la chose suivante : « Soit ! Ce n'est pas l'idée de connaissance achevée, qui est donc anticipée. Mais c'est du moins son homologue éthique, tout aussi métaphysique au sens de Derrida, c'est-à-dire l'idée d'autonomie, formule de la liberté présupposée à la responsabilité, et constitutive d'un concept fort, univoque, homogène et totalisant, de "sujet". » Au demeurant, c'est seulement en comprenant le sens des liens illocutoires dans la direction de la raison pratique, que l'on peut dégager une éthique déontique de la discussion. Ainsi évite-t-on, certes, le malentendu cognitiviste d'un idéal absolutiste de vérité, au sens « métaphysique » de cette « connaissance absolue » à laquelle Wellmer faisait hâtivement allusion pour critiquer Apel. Cependant, même si l'on comprend lesdites « idéalisations nécessaires » de la pratique communicationnelle en direction de l'éthique, et non de la science, ne risque-t-on pas, aussi bien dans ce cas, de reconduire la métaphysique au sens de Derrida ? Simplement, la « perfection morale » remplacerait la « connaissance absolue ». Ne fait-on pas fond vers un idéal absolutiste, non plus de vérité mais de liberté au sens d'une pleine et entière « autonomie du sujet » ?

La *responsabilité* est à la fois une *prétention* que j'élève pour mon propre compte, lorsque je dis quelque chose à quelqu'un au sujet de quelque chose ou de quelqu'un, et une *ascription* (imputation) que je fais à celui à qui je m'adresse : à lui aussi, et pas seulement à moi, j'impute la capacité de répondre, non seulement à ce que je lui dis, mais encore de ce qu'il me dit. C'est l'idée d'une « réserve de bonnes raisons ».

Maintenant, est-ce que cette présupposition, soit comme prétention (pour moi-même) soit comme ascription (à autrui), est métaphysique au sens d'un absolutisme fort de l'Idée métaéthique d'autonomie du sujet, ou encore, au sens de l'Idée herméneutique d'une transparence de la communication ?

C'est essentiellement pour le philosophe que ces présuppositions de responsabilité peuvent, le cas échéant, entraîner des idéalisations métaphysiques au sens douteux décrit plus haut. Au fond, le philosophe n'est conduit jusque-là que dans la mesure où il pense dégager de façon conséquente et contraignante les ultimes présuppositions *théoriques*, valables pour lui, des présuppositions *pratiques* du discours ordinaire, valant pour le monde de la vie. Or, la différence entre la pragmatique transcendantale de Apel et la pragmatique universelle de Habermas se noue ici : tandis que Apel s'engage dans la démarche transcendantale consistant à dégager les présuppositions théoriques ultimes de supposées idéalisations nécessaires de la pratique, Habermas s'engage sur une voie plus phénoménologique consistant à repérer les présuppositions normatives qui accompagnent les pratiques d'entente. Apel vise une fondation, tandis que Habermas entreprend une reconstruction. En même temps, il peut toujours par là se réclamer du faillibilisme, sans prétendre, comme Apel, à un régime d'exception pour les énoncés transcendantaux, et présenter sa reconstruction comme un élément falsifiable, bien que non empirique.

Tel est le nœud d'une divergence qui va se creusant entre le fondationnisme de Apel et le reconstructionnisme de Habermas. Ce dernier juge que l'autonomie privée des individus est présupposée au principe de souveraineté populaire, principe communautaire sans lequel, en retour, l'autonomie individuelle perdrait son sens [2]. Cependant, cette présupposition concerne l'autonomie juridique, non une autonomie métaphysique supposant chez le sujet la liberté absolue de son vouloir. Cela vaut analogiquement pour la responsabilité imputée à l'allocutaire ou revendiquée par le locuteur. Mais comment éviter la présupposition métaphysique ? Comment le peut-on systématiquement, d'une façon qui ne soit pas rhétorique à la manière de dénégations, réserves, guillemets, ratures, et toutes stratégies d'auto-immunisation stylistique par lesquelles l'auteur montre qu'il n'est pas naïf et qu'il assumerait plutôt une situation paradoxale indépassable ?

À cette question, je vois deux réponses distinctes.

La première, assez classique, revendique un certain scepticisme en ce qui concerne la nécessité universelle des présuppositions théoriquement nécessaires, ou jugées telles, d'une réflexion transcendantale menant à la fondation ultime de la raison dans un *a priori* communicationnel. Elle consiste en résumé à faire valoir que l'absolutisme n'est plus possible, dès lors que

---

2. Voir J. HABERMAS, *Faktizität und Geltung. Beiträge zur Diskurstheorie des Rechts und des demokratischen Rechtsstaats*, Francfort-sur-le-Main, Suhrkamp, 1992.

l'on admet une différence de principe entre ce qui vaut « pour nous » et ce qui est « en soi » ou « en général ». En même temps, nous refusons la distinction hégélienne classique entre le « pour nous » des philosophes et le « pour elle » *(für es)* de la « conscience naïve » ou « naturelle ». Il s'agit d'une résolution plus importante qu'il n'y paraît. En effet, la tâche de la philosophie ne se conçoit plus à partir d'un point de vue littéralement extra-ordinaire qui, de l'*Aufklärung* kantienne à la *Erhellung* heideggerienne, supposerait toujours un accès privilégié du philosophe à la vérité. Dès lors, il n'est plus possible de faire comme si la philosophie disposait en propre de ressources suffisantes pour fonder le sens de la pratique, tel que ce sens se montre dans le milieu du discours ordinaire, au sein du monde de la vie et à travers des idéalisations spontanées, jugées empiriquement inévitables et logiquement nécessaires. On cesse de postuler que le sens lié à la pratique de tous les jours ne serait élevé à sa vérité que dans les termes où la philosophie en dégage les fondements de droit, selon ses propres systèmes de référence. L'idée est maintenant, au contraire, que si le philosophe peut aider à éclaircir le sens de la pratique quotidienne ou, plutôt, aider à faire reconnaître la rationalité quasiment impalpable qui habite cette pratique, dans la com-

munication de tous les jours, il ne détient cependant pas le monopole de l'explication. Pourquoi ?
Non pour des raisons démagogiques, mais parce
que ses reconstructions, à ce sujet, doivent pouvoir être soumises à une épreuve faillibiliste qui
ne s'en tient pas à l'examen d'une communauté
de savants, mais se joue plutôt dans ce milieu de
l'herméneutique naturelle qu'est la communauté
sociale elle-même, là où prennent corps les inno-
vations historiques affectant la compréhension du
monde.

Maintenant, j'avais annoncé deux réponses distinctes à la question : comment éviter
sérieusement (non rhétoriquement) le postulat
« métaphysique » d'une autonomie du sujet, dès
lors que l'on présuppose une responsabilité (qu'il
s'agit quand même de penser), soit du côté de la
prétention du locuteur, soit du côté de l'imputation à l'allocutaire ?

À cette question, le deuxième type de
réponse serait alors de rappeler, en liminaire, que
cette prétention ou cette ascription de responsabilité ne sont pas de l'ordre de la croyance ni même
de la supposition par laquelle on estimerait que
l'on a affaire avec des êtres responsables et raisonnables. Supposition héroïque, pour certains :
« peut-on, même à titre heuristique ou méthodique, consentir à des suppositions aussi ris-

quées ? » Or, dans le milieu du discours, la pré-supposition de responsabilité, soit comme préten-tion (pour soi-même), soit comme ascription (à autrui), n'est pas de l'ordre de la croyance ou de la supposition, ce qui serait une modalité cogni-tive empirique, mais de l'ordre de l'attitude et de la convention. Cette attitude performative peut se comparer à celle que l'on adopte, par exemple, en prenant à son compte cette maxime : « Tout accusé est présumé innocent tant qu'il n'a pas été reconnu coupable. » Cela ne signifie pas que je croie, pense ou estime, que le prévenu à propos duquel je fais valoir cette maxime, comme on doit le faire à chaque occurrence du même type, soit innocent. Je présuppose l'innocence sans nécessairement y croire. Je peux même croire le contraire, sans pour autant tricher, être inauthen-tique, si je déclare tenir ce prévenu pour innocent tant qu'il n'a pas été reconnu coupable par les tri-bunaux. Cet exemple analogique permet de mon-trer que l'imputation n'est pas cognitive. On pourrait dire que l'imputation est une présupposi-tion pragmatique qui n'est pas cognitive par cela même qu'elle est normative. Cela vaut pour toute attitude performative produite au cours des pro-cès d'interlocution : les présuppositions perfor-matives de la discussion ne sont pas par elles-mêmes cognitives ; ce sont des présuppositions normatives. Dans les procès d'interlocution, le problème, en effet, n'est pas de savoir *si*, par exemple, celui à qui l'on s'adresse est responsable — ce qui est encore une question sceptique, qui, comme telle, ne peut déboucher que sur le thème de l'indécidabilité [3] —, mais de savoir *que* le fait de s'adresser à lui sous-entend — de droit, et quoi qu'il en soit du fait — que cet autre peut répondre.

Je caractérise cette approche comme « phénoménologique » par opposition à « psychologique ». Utile à la réflexion juridique dans ses développements actuels, elle me semble meilleure que la stratégie souplement sceptique de la première réponse, car elle évite le malentendu cognitiviste autorisant le soupçon d'une métaphysique de la transparence communicationnelle. Du fait qu'elle ne renvoie plus au modèle d'un sujet qui se risque à des hypothèses, mais au modèle d'une intersubjectivité s'établissant dans un jeu questions-réponses (où par « réponse », on entend la façon qu'a un locuteur d'accueillir l'offre illocutoire de l'allocutaire et d'acquitter

---

3. Pour une critique de Habermas, se fondant sur la thèse de l'« indécidabilité » du sens intentionnel des actions formant un tissu illocutionnaire, voir J. LENOBLE, *Droit et communication. La transformation du droit contemporain*, (à paraître dans cette collection). Voir également P. LIVET, « Les limites de la communication », *Études philosophiques*, n° 2-3, 1987.

discursivement ses propres prétentions à la validité), il n'y a pas lieu d'idéaliser pour autant une
transparence à soi doublée d'une transparence
réciproque des interlocuteurs. Dans une discussion, la notion de « succès illocutoire », c'est-à-
dire de réussite communicationnelle d'actes de
discours, où l'interlocution achemine vers l'intercompréhension réalisée ou « entente », cette
notion implique sans doute trois choses : d'abord
que chacun ait compris ce que dit l'autre ;
ensuite, que l'un et l'autre se soient accordés sur
un contenu X à problématiser ; enfin, que cette
thématisation discursive engage les protagonistes
sur une voie procédurale où les arguments ne
peuvent devoir leur force qu'à la validité qu'on
leur reconnaît. Mais pas plus que l'accord, s'il est
obtenu, ne peut être idéalisé comme un savoir
achevé ou une connaissance absolue du contenu
en question, pas plus peut-il être idéalisé comme
une compréhension mutuelle rendant transparents
pour soi et pour l'autre les deux protagonistes. Il
ne peut être idéalisé comme une *connaissance* en
général, soit connaissance de l'objet, soit compréhension réciproque des sujets, mais seulement,
encore une fois, comme une *reconnaissance* — et
cela, doublement. C'est, d'une part, la reconnaissance *commune* de l'« objet » (au sens de Peirce)
comme étant bien le même, comme étant ce dont

on discute de part et d'autre : on idéalise que l'on a bien discuté de la même chose et que l'on s'est bien entendu sur la même chose, mais non pas, par là, que cette chose dont on a pu discuter devrait idéalement nous être rendue totalement connue, ni que l'on aurait idéalement à dire toute la vérité sur elle. C'est, d'autre part, la reconnaissance *réciproque* des interlocuteurs, des sujets discutant entre eux : là, on idéalise que nous nous sommes mutuellement pris au sérieux, que nous avons pris chacun en considération les raisons de l'autre, mais non pas par là que nous aurions entrepris de le comprendre dans ce qu'il est profondément, par exemple, dans ses motifs stratégiques, ses arrière-pensées, son être psychique. Et, de même, le fait d'idéaliser ainsi la charge éthique, et non cognitive, attachée à l'idée de la reconnaissance réciproque, ne présuppose pas plus l'idée, également « métaphysique », de subjectivité libre, autonome, qu'elle ne présuppose celle de communication transparente. Ne préjugeant aucun motif ou intérêt, ni pour dire qu'ils sont purs ni pour dire qu'ils sont égoïstes ou stratégiques (tant qu'il ne s'agit pas de savoir ce qu'il en fut réellement des déterminations vers l'entente intersubjective), on ne présuppose pas, même idéalement, une quelconque bonne volonté morale absolue de la part de ceux qui se sont, *de facto*, reconnus réciproquement. On présuppose seulement qu'ils ont *discuté vraiment.*

Mais si l'on demandait ensuite à quelles conditions cette reconnaissance, qui est un fait de tous les jours, est digne de respect au sens moral exigeant où l'entendait Kant, peut-être devrait-on s'engager dans des présuppositions fortes exposant le philosophe à l'objection de métaphysique au sens de Derrida. Cependant, les présuppositions fortes, « métaphysiques », de ce type, ne sont pas identiques aux présuppositions pragmatiques d'une raison communicationnelle qui, enchâssée dans les pratiques concrètes, est de part en part phénoménale et ne se laisse pas arraisonner sous l'idée d'une raison *pure* pratique.

À ce sujet, le philosophe qui ne se fait pas d'illusions y renoncerait-il tout à fait, si, au lieu de vouloir *fonder* la raison en général sur les présuppositions transcendantales d'une critique permanente, il entreprenait de *reconstruire* la rationalité des procès d'entente au regard des intuitions grammaticales du monde vécu ? Entre Apel et Habermas, l'opposition actuelle peut largement s'énoncer dans les termes de cette alternative. Apel reproche à Habermas de s'en remettre aux seules ressources « historiques-contingentes » de la *Lebenswelt* pour éclairer le sens de la pratique communicationnelle, au lieu d'assumer que le sens rationnel de cette pratique dépendrait ultimement de présupposés dont le caractère universel, non contextuel, peut être réflexivement établi. Le débat porte à présent sur la *fondation ultime de la raison*. Avec lui, c'est aussi le statut traditionnel de la philosophie qui est en question.

4.

La fondation ultime de la raison

Par les développements qui précèdent, j'ai cherché à montrer que, dans le milieu du discours ordinaire, l'enjeu des procès d'intercompréhension est un enjeu éthique de *reconnaissance* réciproque des participants de l'interaction, de sorte que le sens de la pratique communicationnelle serait situé sous un présupposé général de responsabilité, qui lui-même ne semble pas engager directement des postulats absolutistes. Les présuppositions pragmatiques de la communication au sein du monde vécu ne seraient pas nécessairement assorties d'idéalisations fortes assumant la charge métaphysique d'Idées régulatrices telles que la connaissance absolue, la perfection morale, ou la transparence communicationnelle.

C'est surtout vrai si, comme Habermas, on s'en tient à un concept limitatif de la *communication*, un concept fonctionnel, où la communication au sens strict serait assignée à la coordination des actions dans le milieu du langage naturel. Mais cela n'empêche pas que Habermas développe, comme en superposition, un concept de *discussion*, qui situe les procès d'entente sur le registre réflexif de l'*argumentation*. Or, ces procès de discussion font eux aussi partie de la vie ; ils ne sont pas réservés à des sphères savantes.

La vérité et la validité en général ne cessent, par conséquent, d'être en jeu, y compris dans les communications ordinaires, dès lors que celles-ci doivent se prolonger réflexivement dans des discussions supposant la mise en œuvre d'arguments. Dès lors, en effet, que quelque chose comme une opinion publique est appelé à se constituer, il n'est pas fait purement et simplement appel à l'« expérience universelle de la vie » au sens de Dilthey, un savoir social naturel, sédimenté ou objectivé sous forme de dictons, sentences, maximes, et toutes formules prudentielles censées résumer un sens commun. Passer du « sens commun » à l'« opinion publique » suppose la réflexivité spécifique résultant de la nécessité d'expliciter entre nous ce que nous tenons pour évident. Il ne suffit pas que nous pensions tous à peu près la même chose sur certains aspects de la vie ; il faut en outre que ce fait soit *entendu entre nous*, de sorte que l'opinion commune ne devient opinion publique que moyennant une reconnaissance commune de ces croyances partagées. Pour cela, le test d'une discussion au moins implicite se trouve requis. Le sens commun ne passe à l'opinion publique qu'en devenant « critique » en ce sens, et c'est bien là aussi un trait de notre monde vécu rationalisé.

Or, une considération de ce type est sans doute utile à la stratégie de Apel, lorsque celui-ci veut montrer que la raison communicationnelle de Habermas ne saurait être suffisamment comprise au regard des ressources, supposées « historiques-contingentes », de la *Lebenswelt*. Elle dépendrait aussi de conditions formelles qui, non seulement, transcendent les contextes dans le sens utopique des prétentions élevées à la validité, mais échapperaient à toute relativisation tentée à partir de la considération de situations locales ou formes de vie particulières. Ces conditions formelles-idéelles sont les présupposés universels de toute prétention à la validité ; ce sont les conditions sans lesquelles on ne pourrait même pas critiquer les prétentions à la validité. Habermas, explique Apel, « a toujours rejeté comme impossible et inutile l'exigence d'une fondation ultime, valable *a priori*, de la prétention philosophique à la validité des énoncés universels-pragmatiques relatifs aux présupposés nécessaires de la discussion argumentée ». Et pourtant,

> la « discussion argumentée » qui doit être comprise comme une forme réflexive de la communication du monde vécu [...] peut-elle et doit-elle *non seulement* recourir aux ressources mentionnées qui appartiennent aux formes de vie socioculturelles, mais en outre à celles qui la rendent possible en tant que discussion argumentée et la font prévaloir sur les formes de communication du monde vécu (présuppositions dont on peut s'assurer réflexivement) ? La discussion philosophique que la réflexion critique sur la contingence historique de certitudes d'arrière-plan de toutes les formes de vie socioculturelles a rendue possible, systématiquement et historiquement, peut-elle et doit-elle, par exemple, à côté de l'*interprétation relativisante des choses, faire simultanément appel à des présupposés nouveaux* ? c'est-à-dire des présupposés d'entente mutuelle non pas *historiques-contingents* mais *irréfutablement universels* qui, en tant qu'ils fondent la possibilité du doute et constituent à ce titre la *fondation* philosophique *ultime* des prétentions à la validité, transcendent par principe les ressources relativisantes des formes de vie

historiques-contingentes et sont, à ce titre, transcendantaux [1].

Or, pourquoi ces « présupposés d'entente mutuelle » auxquels Apel fait allusion seraient-ils « irréfutablement universels » ? À ce sujet le raisonnement de Karl Otto Apel est schématiquement le suivant :

Tout d'abord, la « raison » qui devrait pouvoir faire l'objet d'une fondation ultime aujourd'hui est bien la « raison communicationnelle » dont parle Habermas, et telle qu'il en reconstruit l'architectonique au regard de prétentions à la validité correspondant à des types spécifiques d'expressions problématiques et de discours argumentatifs. Ces prétentions à la validité sont alors différenciées selon la vérité cognitive (*Wahrheit*), la justesse normative *(Richtigkeit)*, l'authenticité évaluative et la véridicité expressive *(Authentizität, Wahrhaftigkeit)*, sous la présupposition générale d'une intelligibilité énonciative *(Verständlichkeit)* satisfaisant à des critères

---

1. K. O. APEL, *Normative Begründung der « Kritischen Theorie » durch Rekurs auf lebensweltliche Sittlichkeit ? Ein transzendentalpragmatisch orientierter Versuch, mit Habermas gegen Habermas zu denken*, Francfort-sur-le-Main, Suhrkamp, 1989 ; trad. M. Charrière, *Penser avec Habermas contre Habermas,* Paris, Éd. de l'Éclat, 1990.

formels, syntaxiques *(Regelrechtigkeit)* et symbo-
liques *(Wohlgeformtheit)* d'explicitation [2].

Ensuite, Apel déplore que Habermas ne
comprenne pas cette architectonique de la rationalité communicationnelle-argumentative comme
le point d'Archimède d'une fondation ultime de
la raison. D'où aussi le titre sous lequel il situe sa
critique : « penser avec Habermas contre
Habermas » ! Ce dernier avait jadis lancé cette
formule à propos de Heidegger — ce qu'il faut
savoir pour comprendre que Apel soupçonne
Habermas d'une rechute dans l'historicisme heideggerien. Mais c'est ici d'abord à une forme de
réalisme ou de « naturalisme » qu'il s'en prend
en dénonçant la façon qu'aurait Habermas de
mêler les deux problématiques distinctes de la
genèse et de la validité, de la *constitution* (du
sens des énoncés) et de la *justification* (des prétentions à la validité) : « d'une part, Habermas a
trouvé dans le *principe de la discussion*
(j'entends par là le théorème [...] des quatre prétentions à la validité de la discussion [...]) le

---

2. J. HABERMAS, *Theorie des Kommunikativen Handelns*, t. I,
Francfort-sur-le-Main, Suhrkamp, 1983 (2ᵉ éd.) ; trad. J.-M. Ferry,
Théorie de l'agir communicationnel, t. I, Paris, Fayard, 1987 (voir le
tableau, p. 39).

« point d'Archimède » d'une fondation ultime de la philosophie [...] au plan *pragmatico-transcendantal* [...]. Mais, d'autre part, il ne fait pas d'utilisation appropriée de cette découverte, car (par peur, manifestement, de perdre le contact avec la pratique du monde vécu en tant que base matérielle de la philosophie) il tente de ramener finalement aux ressources de la communication du monde vécu non pas la seule *constitution de sens* intentionnelle (là, je le suivrai) mais aussi la *justification de la validité* [...]. On pourrait parler ici d'un naturalisme reconstructeur de la justification de la validité [3]. »

Troisièmement, pour Apel, donc, les ressources du monde vécu, auxquelles Habermas entendrait se référer exclusivement pour expliquer la rationalité à l'œuvre dans les procès argumentatifs, peuvent seulement rendre compte des *conditions factuelles*, historiques et contingentes, de production et de reconnaissance des prétentions à la validité, mais non pas des *conditions idéelles*, universelles et nécessaires, de toute discussion possible en général. Il s'agit des « normes universelles pragmatiques de l'argumentation

---

3. K. O. APEL, *Penser avec Habermas contre Habermas*, p. 42.

rationnelle ». Apel dit de ces transcendantaux de la communication qu'ils sont *incontestables*. Habermas peut toujours, en recourant à l'analyse du monde vécu, éclairer les conditions concrètes de formation d'une éthique moderne de la discussion. Mais, « pour pouvoir fonder le principe formel et procédural de l'éthique de la discussion [...], il faut [...] une fondation ultime pragmatico-transcendantale qui recoure non seulement aux ressources du monde vécu, précisément remises en question par l'*Aufklärung*, mais aussi aux présupposés de l'argumentation auxquels fait appel la remise en question rationnelle *et qui, pour cette raison, ne sont pas rationnellement contestables* [4]. »

Que doit-on entendre par « présupposés de l'argumentation » ? Il s'agit des conditions formelles sans lesquelles l'exercice de la critique ne serait pas pensable. Ultimement, elles portent au-delà même des présuppositions concernant les aspects du monde et les prétentions différenciées à la validité. Ces deux niveaux de présuppositions formellement nécessaires furent établis par Habermas. Celles que vise spécifiquement Apel se situeraient au troisième niveau.

---

4. *Ibid.*, p. 26 (souligné par moi).

Un premier niveau serait celui des *présuppositions ontologiques.* Par exemple, si, dans un énoncé, je constate un fait, je présuppose l'existence d'un monde objectif ; ou si j'exprime un sentiment, je présuppose l'existence d'un monde subjectif propre ; ou encore, si je prescris une norme, je présuppose l'existence d'un monde social.

Un second niveau, plus universel, serait celui de *présuppositions axiologiques* que la réflexion peut atteindre en faisant l'expérience de « contradictions pragmatiques » ou « performatives » : il est certaines choses que je ne puis affirmer ou nier dans mes énonciations sans contredire mes énoncés. On connaît le paradoxe du menteur, ou encore, celui du sceptique : avec le premier, on pourra faire l'expérience d'une présupposition inévitable de sincérité ; à partir du second, l'expérience d'une présupposition inévitable de vérité, sous peine d'annuler la possibilité du sens, et partant, le droit de la discussion. Non seulement on doit présupposer ontologiquement des existants comme le monde, moi, autrui, le langage, mais encore, on doit assumer transcendantalement des valeurs comme la sincérité élevée pour des expressions, la vérité prétendue pous des affirmations, la justesse visée pour des prescriptions, etc.

Dans ce cas, nous pouvons dire que nous tenons un *fundamentum inconcussum*, un fondement inébranlable : « Tous les candidats au statut d'énoncés pragmatico-universels proprement dits doivent être examinés pour savoir s'ils peuvent être réfutés sans qu'il y ait contradiction performative [...]. Si ce n'est pas possible, on se trouve alors face à un énoncé pragmatico-transcendantal qui possède une fondation philosophique ultime dans la mesure où il est indépassable pour toute argumentation[5]. »

Un troisième niveau est celui des *présuppositions transcendantales-pragmatiques* au sens strict. C'est le plus fondamental, car il permettrait de fonder le principe faillibiliste lui-même, en énonçant les conditions formelles d'exercice pensable de ce que les poppériens nomment « critique permanente ». Face à Hans Albert, Apel a voulu montrer à ce sujet que le principe de la critique permanente ne peut être opposé au principe de la fondation ultime, étant donné que la critique permanente, principe des « sociétés ouvertes », devrait encore se limiter lui-même par la réflexion transcendantale, afin de rendre compte de ce qui fonde sa propre possibilité, indépendamment de tout contexte particulier : les normes

---

5. *Ibid.*, p. 30.

de l'argumentation [6]. Là encore, on rencontre cette pierre de touche, qu'est l'expérience de la contradiction performative, dès lors que l'on conçoit que l'énoncé des conditions pragmatiques-formelles qui rendent possible l'exercice de la critique elle-même ne saurait être falsifié, sans que cette falsification doive recourir aux conditions énoncées, qui sont celles de l'argumentation possible en général. Apel entend fonder la raison à ce niveau « ultime » où se trouveraient énoncées *les conditions de possibilité de la falsification elle-même*. Et là, contrairement à ce que soutient Habermas, avec Peirce, Sellars, Popper, Albert, *ces énoncés transcendantaux* sont principiellement infalsifiables dans le sens d'énoncés empiriques. Dans cette mesure, ils *sont infaillibles* [7] : « En résumé, on pourrait dire : *le principe de la discussion* [...] est une *présupposi-*

---

6. K. O. APEL, « La question de la fondation ultime de la raison », *Critique*, n° 413, oct. 1981. Voir à ce sujet, J.-M. FERRY, *Habermas. L'éthique de la communication*, Paris, PUF, 1987, III, chap. X, « Éthique et communauté. Les fondements de l'éthique et la discussion avec Apel, Popper et Albert », p. 475-520.

7. Voir à ce sujet, W. KUHLMANN, « Philosophie und rekonstruktive Wissenschaft », *Zeitschrift für philosophische Forschung*, 40, 1986, p. 224-234. Kuhlmann y affirme une différence fondamentale entre différentes classes d'énoncés — en gros, entre les énoncés empiriques et les énoncés transcendantaux. Les premiers seraient assortis de la réserve faillibiliste, tandis que les seconds porteraient sur les limites de sens de cette réserve faillibiliste, de sorte qu'ils seraient à penser (suivant leur sens) comme infaillibles.

tion transcendantale du principe de falsification.
Il peut au mieux (comme c'est le cas, trivialement parlant, pour toute théorie ou énoncé venant d'êtres humains) être explicité de façon défectueuse ou incomplète. Mais en tant que condition de sens pragmatico-transcendantale du principe de falsification (et, à ce titre, du *principe de faillibilisme*), il ne peut être *empiriquement vérifiable, falsifiable ou faillible*, même au méta-niveau, par exemple, d'une réserve faillibiliste de principe. Car, à ce méta-niveau, le rapport des conditions pragmatico-transcendantales resterait inchangé [8]. »

Enfin, Apel soutient donc que les énoncés transcendantaux portant fondation ultime de la raison sont infalsifiables *empiriquement*. Mais le sont-ils « transcendantalement » ? Lui aussi prétend dépasser la figure desdites philosophies de la conscience, de Descartes à Husserl, où la vérité philosophique se fonde ultimement sur une conscience d'évidence. C'est même à lui que revient le mérite d'avoir fort tôt reconnu dans la sémiotique de Peirce l'élément qui permettrait de « transformer » la philosophie transcendantale sur des bases pragmatiques accordant le primat, non à la conscience ou au moi, mais au langage et à la

---

8. K. O. APEL, *Penser avec Habermas contre Habermas*, p. 29.

communication. Sans revenir sur l'impossibilité d'une falsification empirique, Apel pourrait alors assumer une réserve faillibiliste pour ses énoncés transcendantaux eux-mêmes, en envisageant la possibilité, certes principielle, d'une falsification *systématique*. Or, il adopte sur ce point une position ferme, voire dure. On a vu déjà qu'il déclarait incontestables les présupposés d'argumentation. Ce que Apel réclame, c'est à tout le moins que l'on reconnaisse la différence de statut entre les énoncés empiriques ou scientifiques, d'une part, et d'autre part, les énoncés proprement transcendantaux. Même si ces derniers venaient à être « falsifiés » empiriquement (encore que le sens d'une telle falsification ne soit pas clair), il resterait toujours un droit de résistance à la *réduction* — naturaliste ou historiciste — *de la validité à la facticité*. Là, Apel renvoie l'orientation de Habermas à l'historicisme heideggerien, en marquant contre lui le droit d'une « différence transcendantale » que le point de vue de la Différence ontologique ne reconnaît pas :

> C'est ce rapatriement de toutes les ressources de l'entente mutuelle à l'arrière-plan d'un monde vécu toujours déjà concrétisé (pour parler avec Heidegger : « *je unsrig* ») qui, pour autant que je puisse en juger, conditionne chez Habermas *la contextualité, l'historicité et la contingence de*

*principe des conditions nécessaires de la commu-
nication* et, à ce titre, des discours argumentatifs
qui ne sont manifestement *nécessaires et universellement valables* que dans la mesure où ils se
sont révélés *n'admettre jusqu'à présent aucune
alternative* [...]. Dans la perspective de la pragmatique transcendantale, il faut évidemment
poser ici la question de savoir comment on peut
procéder à une *vérification empirique* sensée des
présuppositions, explicitées dans le principe de
la discussion, de concepts tels que la « vérification » (passant par l'essai de falsification). Car,
même dans le cas où elles seraient falsifiées,
elles devraient être simultanément corroborées en
tant que présuppositions pragmatico-transcendantales de la falsification. Il peut donc s'agir
dans le meilleur des cas de corriger l'*explicitation du sens* des présuppositions. Mais il faudrait
ce faisant que soit présupposée à son tour la
vérité des présuppositions de telle manière que
persiste *la différence transcendantale* entre des
hypothèses empiriquement vérifiables et des
énoncés portant sur les présuppositions de la
vérification [9].

On pourrait, cependant, opposer à l'ambition d'une fondation ultime un argument histori-
ciste-radical consistant à faire valoir que les présupposés de la discussion ne sont jamais énoncés

9. *Ibid.*, p. 13.

que sous les conditions d'une certaine précompréhension de la vérité, du langage, de la raison, etc., précompréhension dont nous ne pouvons disposer, et qui peut être autre, demain, de sorte que la prétention à une fondation ultime de la raison ne serait pas tenable : elle contredit une conscience de finitude, qui est aussi notre conscience d'historicité, dont la phénoménologie herméneutique (Heidegger), puis l'herméneutique philosophique (Gadamer) ont su prendre acte.

Or, cette objection n'ébranle pas Apel, qui, en somme, la juge creuse : contre le caractère apodictique des énoncés transcendantaux assumés par Apel, elle ne pourrait que faire valoir une sorte de droit formel, purement incantatoire, qui ne peut au fond se réclamer de rien d'autre, positivement, que de ce qui serait au-delà du pensable, tout en insinuant que cet impensable actuel, qu'on ne peut dire, serait un fait virtuellement polémique, c'est-à-dire susceptible de falsifier les énoncés transcendantaux correspondant à nos évidences logiques réflexives les plus incontournables. C'est l'« argument de particularité », qui, pour Apel, n'a guère de sens :

> D'autres objections [...] consistent dans l'argument [...], très prisé aujourd'hui, de la *particularité*, argument qui semble identique à l'objection :

peut-être que toutes les présuppositions de l'argumentation que nous sommes à présent obligés de considérer comme sans alternative et, à ce titre, nécessaires, ne sont pas vraiment universellement valables, et que par la suite, elles se révéleront inutiles, voire remplaçables. J'aimerais faire à propos de ce dernier argument la remarque suivante :

Je pourrais reconnaître à cet argument une légitimité de principe, mais elle reste très ésotérique, eu égard aux présupposés catégoriels de notre compréhension du monde [...]. Si nous voulions essayer de penser aussi ces présupposés comme falsifiables, nous ne serions plus en mesure de donner un sens au concept de falsification et, partant, à celui de substitution des présuppositions admises dans la fiction.

On peut, je crois, faire comprendre plus clairement la déficience réflexive de l'*argument de particularité* : comme la plupart des objections contre la fondation ultime réflexive, cet argument ne peut être avancé sans que soit produit un énoncé philosophique contenant lui-même une prétention à la validité universelle des énoncés spécifiquement philosophiques [10].

Ce débat est complexe, car les cartes se brouillent aisément. Concernant la thèse défendue par Apel, on décèle une certaine hésitation sur le

---

10. *Ibid.*, p. 51-52.

point de savoir si la fondation ultime de la *raison* vaudrait comme fondation ultime de la *philosophie*, plutôt, à proprement parler, que comme fondation de la raison dite « communicationnelle », une raison qui, incarnée dans les symboles et assignée à l'histoire, séjourne dans les pratiques ordinaires de l'entente entre acteurs sociaux. À ce sujet, Apel sent bien que si sa prétention à la fondation ultime doit porter au-delà de la seule *raison critique* propre à la philosophie, il lui faut montrer : premièrement que l'énoncé des présuppositions universelles de la raison critique en général recouvre l'énoncé des conditions de la *raison pratique* ; deuxièmement, que ces énoncés transcendantaux, censément valables pour la *raison pratique*, incluent bien cette dernière dans le milieu de la *raison communicationnelle*. Il lui faut montrer, en d'autres termes, que les conditions pragmatiques-universelles de la critique, c'est-à-dire, ici, les présuppositions transcendantalement nécessaires du principe faillibiliste, sont aussi les présuppositions ultimes du sens de la pratique quotidienne au sein du monde de la vie. La difficulté est ici d'établir une continuité de sens entre les enjeux de discussions spécialisées, réservées à une communauté de communication savante au sens de Peirce, et les enjeux de concertations et d'argumentations dans le milieu du discours ordinaire. Or, en soulevant ce point, je ne vise pas l'objection devenue classique d'une hétérogénéité des « jeux de langage » ou des « formes de vie » (L. Wittgenstein), ou d'une séparation des « sphères de justice » (M. Walzer), ou encore, plus wébériennement, d'une différenciation des « sphères de valeur », « systèmes d'activité » et « ordres de validité » correspondants — bref, tout ce que l'on peut objecter en référence à une structure pluraliste, différenciée, voire conflictuelle et divisée de nos sociétés contemporaines, et qui semble contredire l'idéal identitaire de la « communauté ». Non. Le point que je vise ici spécifiquement est la congruence pragmatique des enjeux de rationalité entre les discussions menées suivant les différents types de « communautés communicationnelles » : peut-on comprendre ces enjeux de discussion, fondamentalement, dans le même sens, suivant qu'il s'agit de communauté savante ou de communauté sociale. Il est clair que Apel se tient toujours largement, à cet égard, sous le paradigme criticiste de la communauté savante, mis en place par Peirce, et repris par Popper.

De ce fait, l'enjeu pragmatique fondamental est la vérité. Même si l'on étend cette orientation à tout le spectre des aspects différentiels de la validité : vérité cognitive, mais aussi, justesse normative, authenticité évaluative et véridicité expressive, dont Habermas a pu dresser le tableau dans le cadre architectonique de sa pragmatique formelle, même dans ce cas, on risque d'occulter un enjeu pragmatique plus fondamental qui, au-delà des aspects de vérité, justesse, authenticité, véridicité (et de tout ce qui, en général se tient peu ou prou sur un registre cognitiviste de préten-tions à la validité), est l'enjeu proprement éthique fondamental de *la reconnaissance réciproque des personnes*, pensée à travers la médiation spéci-fique d'une discutabilité des propositions émises de part et d'autre. Dans ce cas, la raison — j'entends : celle qui est engagée dans l'éthique de la reconnaissance, ne se laisse pas elle-même *spé-cifiquement* fonder au regard des présuppositions de validité attachées aux formes différentielles d'énoncés ou expressions problématiques, et sous l'argument-pierre de touche de la « contradiction pragmatique ». Ce n'est pas, en tout cas, fonder *au plus profond* l'éthique de la discussion. C'est peut-être fonder ultimement les conditions de la *validité*, mais non pas celles de la *reconnais-sance*.

Or, c'est surtout de ce phénomène éthique fondamental, touchant aux conditions de la recon-naissance réciproque, que, me semble-t-il, Habermas veut rendre compte à travers une analyse reconstructive de nos *intuitions grammaticales* au sein du monde vécu. C'est par là qu'il faut sans doute rechercher, sinon « la » raison, du moins une raison pour laquelle, contre Apel et contre l'orientation transcendantaliste d'une fondation ultime, Habermas entend reconnaître un primat ontologique à la *Lebenswelt*, au monde de la vie, et partant, accorde la préférence à une reconstruction pragmatico-phénoménologique sur une fondation pragmatico-transcendantale :

> Quand on prend au sérieux le primat ontico-ontologique de la *Lebenswelt*, il s'ensuit une tout autre image. Car alors l'avantage de la philosophie sur la science et le *common sense* consiste uniquement dans ce qu'elle maîtrise plusieurs langages — le langage courant circulant dans la *Lebenswelt* autant que les langages spéciaux des cultures d'experts, qui ont été différenciés à partir de la *Lebenswelt*. Au demeurant, la philosophie — comme la critique littéraire et la critique d'art — se ménage un accès au langage extra-quotidien de la poésie. Grâce à cette vertu spécifique, elle peut d'un cœur léger renoncer à la prétention, héritée de la philosophie transcendantale, d'une fondation de la *Lebenswelt*. Au lieu de *fonder* la *Lebenswelt* dans l'institution originaire d'une subjectivité performante ou dans l'événement d'une interprétation totalement préjudicielle du monde, la philosophie peut maintenant

se concentrer sur la reconstruction du savoir d'arrière-plan, relié à nos intuitions grammaticales [11].

« D'un cœur léger » ! La philosophie peut, d'un cœur léger, renoncer à la fondation ultime, c'est-à-dire, aussi, à l'élément de la philosophie transcendantale, pour reconstruire le savoir implicite qui se relie à des intuitions morales enracinées dans nos « intuitions grammaticales ». Apel a vu juste : Habermas se tient fermement au sol de l'expérience vécue, pour reconstruire la rationalité de la pratique. Plus : il veut explorer le sous-sol du monde de la vie (le savoir implicite d'arrière-plan, relié à nos intuitions grammati-

---

11. J. HABERMAS, « Edmund Husserl, über Lebenswelt, Philosophie und Wissenschaft », *Texte und Kontexte*, Francfort-sur-le-Main., Suhrkamp, 1991, p. 41. (*« Ein ganz anderes Bild ergibt sich, wenn man mit dem ontisch-ontologischen Vorrang der Lebenswelt Ernst macht. Dann besteht der Vorzug der Philosophie vor Wissenschaft* und Common Sense *einzig darin, daß sie mehrere Sprachen beherrscht — die in der Lebenswelt zirkulierende Umgangssprache ebenso wie die Spezialsprachen der Expertenkulturen, die aus der Lebenswelt ausdifferenziert worden sind. Im übrigen traut sich die Philosophie — wie die Literatur und Kunstkritik — einen Zugang zu der außeralltäglichen Sprache der Poesie zu. Dank dieser genuinen Begabung kann sie leichten Herzens auf den von der Transzendentalphilosophie ererbten Anspruch einer Fundierung der Lebenswelt verzichten. Statt die Lebenswelt in der Urstiftung einer leistenden Subjektivität oder im Ereignis einer alles präjudizierenden Weltauslegung zu begründen, kann sich die Philosophie nur darauf konzentrieren, das mit unseren grammatischen Intuitionen verknüpfte Hintergrundwissen zu rekonstruieren »*).

cales), plutôt que d'en aller rechercher le fondement du côté d'une performance constitutive qui,
ego transcendantal ou événement historial, assi-
gnerait les limites systématiques de ce savoir à
une finitude ontologique de la conscience de soi
ou de la compréhension du monde. Mais est-ce
une raison pour contester le fondement apelien
d'un « *a priori* de la communauté communicationnelle », pensé comme « principe de l'argumentation » ?

Or, sans contester un tel *a priori* communicationnel, Habermas refuse d'en faire un fondement ultime — ce qu'il juge *inutile* et *impossible*.

Impossible, si le fondement ultime se
laisse seulement connaître dans un énoncé que,
transcendantal ou non, nous devons penser
comme critiquable par principe, et partant,
comme faillible. Même si nous ne *pouvons* pas
concevoir une *falsification* de cet énoncé, nous
devons en penser la *faillibilité* [12]. Certes, Apel

---

12. Pour faire comprendre cette différence entre « concevoir la
falsification » d'un énoncé et « penser sa faillibilité », je distinguerai
entre un argument formel et un argument substantiel. — Quant à l'argument formel, il part de l'idée qu'une falsification d'un
énoncé doit faire appel à trois éléments ou trois réquisits : 1. un réquisit
logique : la réfutation doit s'appuyer sur un argument ; 2. un réquisit
pragmatique : cet argument réfutatoire doit être validé dans une procédure de discussion ; 3. un réquisit ontologique : cette discussion doit
être menée dans le milieu du langage naturel. Ainsi concevons-nous
intuitivement les conditions d'une falsification. Cependant, ces conditions, que nous admettons intuitivement, ne sont pas impliquées analy-

estime que cette faillibilité ou falsifiabilité n'est elle-même pas pensable, raisonnablement, puisqu'elle porte censément sur les conditions

---

tiquement dans le concept très général de faillibilité. C'est par une opération synthétique, et non analytique, de l'entendement, que nous pensons la faillibilité en liaison avec les conditions logique, pragmatique et ontologique de la falsification. Mais nous pouvons penser le principe de faillibilité pour lui-même, comme renvoyant au fait que tout énoncé puisse être déstabilisé dans sa prétention à la vérité, au point que cette prétention doive être retirée, sans avoir besoin, pour cela, de déterminer davantage cette pensée par les réquisits que la réflexion dégagerait au titre des conditions (logique, pragmatique et ontologique) de la falsification. — Quant à l'argument substantiel, il part de l'idée qu'il n'y a pas de contradiction performative à contester argumentativement que les normes de l'argumentation soient (pragmatiquement parlant) la présupposition indépassable de la raison. D'une part, le fait que j'use d'arguments pour contester le fondement de l'argumentation ne *prouve* pas que je sois *obligé* d'argumenter pour contester ce fondement. D'autre part et surtout, le fait que je sois (en vérité) obligé d'argumenter pour réfuter l'énoncé décitationnel, métacritique, assignant les conditions de la falsification et la présupposition ultime de l'exercice de la critique aux normes de l'argumentation, indique que ces normes situent la limite actuelle de ma compétence critique, en tant que sujet raisonnable parmi les autres qui, ici et maintenant, peuvent censément faire la même expérience, mais ne prouve pas par là que ces normes de l'argumentation situent la limite transcendantale de la raison en général, sauf à établir que : 1. le concept de raison en général n'est et ne peut-être rien de plus que l'autoréflexion absolue de notre expérience partagée de l'exercice de la critique, et : 2. cette autoréflexion absolue des sujets raisonnables dans l'intersubjectivité n'est pas une postulation trop haute pour une philosophie transcendantale « transformée » en conséquence des tournants « postmétaphysiques » de l'herméneutique, de la linguistique et de la pragmatique. Au demeurant, quel que soit le contenu de cet argument plus « substantiel », et sa force de réfutation logique jugée du point de vue d'un contrôle *sémantique* de sa validité, sa seule visée performative crée un état de fait *pragmatique* qui revêt la valeur d'un fait polémique à l'égard d'une clôture autoréflexive des présupposés de la discussion.

générales de la falsification. Mais justement, l'idée des conditions générales de la falsification, c'est-à-dire l'idée des conditions d'une critique possible en général, n'a pas plus de sens (comme l'a montré Hegel) que l'idée des conditions d'une connaissance possible en général. Or, il n'y a pas de prétention à la fondation ultime qui ne présuppose un savoir de la raison en général. Mais qu'est-ce que « la raison en général », sinon l'absolutisation de notre expérience — toujours située — de la raison ?

Impossible, donc, serait une fondation ultime de la raison. Mais inutile, également. Pourquoi ? Parce que, tout d'abord, cela ne nous dit rien sur la structure effective de la rationalité pratique, et ne dispense donc pas d'une démarche explorative visant à reconstruire l'architecture de la *Lebenswelt*. Ensuite et surtout, parce que la *nécessité transcendantale* de présuppositions ultimes de l'argumentation menée selon les procédures de discussions n'établira jamais une *obligation morale* pour l'éthique de la discussion. En admettant même que le philosophe puisse montrer qu'il nous est rationnellement impossible de contester le principe de l'argumentation sans par là même devoir le présupposer, cette contradiction performative servant, pour Apel, de métaargument en faveur de l'argumentation ne peut pas établir pourquoi nous devrions être rationnels. Comme le note Habermas, « [...] De fait, une philosophie postmétaphysique ne peut apporter de réponse à la question [...] : "pourquoi être moral ?" [13] » À ce sujet, Habermas a tenu un propos dont Apel n'a pas fini de s'indigner, considérant que Habermas irait même, par ce propos, dénier l'importance de la philosophie dans les acquis pratiques de l'*Aufklärung*. Voici les paroles qui ont pu faire scandale :

> Rester attaché à l'exigence d'une fondation ultime de l'éthique, sous prétexte de sa pertinence vraisemblable pour le monde vécu, est tout aussi inutile. Les intuitions *morales* quotidiennes n'ont nul besoin des lumières des philosophes. Il me semble même que l'autocompréhension de la philosophie comme geste thérapeutique ainsi que l'inaugura Wittgenstein est, dans ce cas et à titre exceptionnel, tout à fait à sa place. Il n'y a guère, en effet, que lorsqu'elle permet de dissiper des confusions qu'elle a elle-même insinuées dans la conscience de l'homme cultivé, que l'éthique philosophique a une fonction éclairante ; et encore n'en est-il ainsi que parce que le scepticisme axiologique et le positivisme juridique se sont

---

13. J. HABERMAS, « Transzendenz von innen, Transzendenz ins Diesseits », Texte und Kontexte, p. 144 : « *Tatsächlich kann eine postmetaphysisch denkende Philosophie die Frage [...], warum überhaupt moralisch zu sein ? — nicht beantworten.* ».

établis en tant qu'idéologies professionnelles, qu'ils ont investi le système culturel dans sa dimension éducative et pénétré la conscience quotidienne. L'un et l'autre ont neutralisé, avec de fausses interprétations, les intuitions qui étaient spontanément acquises dans le processus de socialisation ; ils peuvent, en ce sens et dans des circonstances extrêmes, contribuer à désarmer moralement les classes qui, ayant fréquenté l'université, sont gagnées, vis-à-vis de la culture, par le scepticisme. [14].

L'indignation de Apel est aisée à comprendre. Mais n'est-elle pas « facile » ? Certes, un philosophe comme Apel est bien un *Aufklärer*, puisqu'il lutte contre le scepticisme de la culture ambiante, en voulant établir les droits de la raison pratique. De plus, il met à jour une structure transcendantale qui renouvelle la doctrine kantienne du fait de la raison sur l'expérience, accessible à beaucoup, de la contradiction performative. Par là il n'établit cependant aucune obligation morale. Il montre plutôt les inconséquences auxquelles s'expose celui qui refuse

---

14. J. Habermas, *Moralbewußtsein und kommunikatives Handeln*, Francfort-sur-le-Main, Suhrkamp, 1983, p. 108 ; trad. par Chr. Bouchindhomme : *Morale et communication. Conscience morale et activité communicationnelle*, Paris, Éd. du Cerf, 1983, p. 119-120.

l'éthique de la discussion et sa loi de l'argument meilleur. Il éveille les esprits au fait que la raison argumentative ne se laisse pas aisément mettre à distance, que son principe est l'élément rationnel incontournable de nos formes de vie. Mais Habermas fait cela également, sans élever son discours philosophique à l'ambition d'une fondation ultime, ambition qui n'ajouterait rien à la force pratique du discours philosophique. Cette force, il la devrait surtout à sa capacité de mettre en lumière, dans l'esprit d'une reconstruction et non d'une fondation, les intuitions sur lesquelles nous nous guidons pour former des jugements.

Cependant, est-il suffisant de s'en remettre aux ressources de la *Lebenswelt*, ou plutôt aux possibilités reconstructives d'élucidation de ses potentiels éthiques ? Je crois qu'entre la prétention plutôt dogmatique à la fondation ultime et le refus plutôt sceptique d'une telle fondation, il y a place pour l'exigence de situer la procédure argumentative de la critique en général comme la seule forme acceptable de validation ou de réfutation de nos prétentions émises à la validité. Cela renverrait, non à un énoncé sur ce qui fonde ultimement la raison en général, mais à une définition négative de ce que nous voulons au titre de la raison, un principe établissant ce en quoi la raison ou le raisonnable ne devrait *pas* consister — par exemple, dans un *factum* de la Volonté de puissance ou de l'histoire de l'être ou de l'*autopoiésis* du Système. Non pas que ces suppositions ne vaillent à aucun titre pour une explication de l'Histoire. Mais on n'accepterait pas d'y voir une explication du « sens de la vie ». Même si l'ambition d'une fondation ultime de la raison n'est pas, par là, proprement en vue, il reste que l'on refuserait de s'en remettre à ce que nous ne comprenons que sous le signe de la facticité, pour reconstruire ce que nous tenons pour raisonnable. Pas plus qu'un contextualisme empirique au sens de Rorty, Habermas n'assume d'ailleurs un historicisme transcendantal tenu dans le sillage d'une « herméneutique de la facticité » au sens de Heidegger. Outre que le savoir d'arrière-plan, en tant, justement, qu'il est relié à nos *intuitions grammaticales*, ne se laisse pas penser comme « historique-contingent » à la manière où le sont les formes de vie socioculturelles — une imputation qui me semble légèrement faite par Apel [14] —, le sol

---

15. Contre cette imputation, voir J. HABERMAS, *Nachmetaphysisches Denken*, Francfort-sur-le-Main, Suhrkamp, 1988 ; trad. R. Rochlitz, *La Pensée postmétaphysique. Essais philosophiques*, Paris, A. Colin, 1993, p. 95 : « L'articulation de l'expérience reflète l'architecture du monde vécu dans la mesure où elle est liée à la structure trichotomique caractérisant les actes de parole et le savoir d'arrière-plan propre au monde vécu. À vrai dire, ces structures générales *[diese allgemeinen Strukturen]* du monde vécu n'apparaissent que

grammatical de notre monde vécu serait plutôt, en effet, cet élément d'universalité, qui fonde la possibilité d'une communication *entre* les mondes culturels [16]. Et peut-être Habermas voit-il dans la grammaire du monde vécu un sol ontologique plus sûr que ne saurait l'être tout fondement transcendantal. Cependant, j'aimerais surtout montrer ici en quel sens il serait également possible de « penser avec Apel contre Apel ».

---

lorsque nous changeons d'attitude méthodologique [...]. Ce premier mouvement d'objectivation étant accompli, le réseau des actions communicationnelles constitue le médium à travers lequel se reproduit le monde vécu. » On voit que, pour Habermas, le monde vécu possède des structures universelles (« *diese allgemeinen Strukturen* »), lesquelles n'apparaissent que moyennant une objectivation.

16. Voir ma tentative de reconstruction de la grammaire des langues naturelles comme ontologie du monde vécu, dans J.-M. FERRY, *Les Puissances de l'expérience*, t. I, *Le Sujet et le Verbe*, Paris, Éd. du Cerf, 1991.

5.

« Penser avec Apel contre Apel »

Si l'on fait un point sur cette confrontation, il semble que nous ayons, d'un côté, un argument transcendantal qui repose sur le principe de contradiction, et de l'autre côté, un argument criticiste qui repose sur le principe d'ouverture. L'argument transcendantal fait valoir que la fondation ultime de la raison en général consiste dans l'énoncé de présuppositions incontournables pour l'exercice de la critique. Il s'agit des présuppositions dont nous ne pouvons sérieusement mettre l'énoncé en question, sans que la falsification qui en résulterait doive nécessairement mobiliser les présupposés énoncés. Ainsi l'exercice de la critique de toute prétention à la validité présuppose-t-il les normes de l'argumentation ration-

nelle, et si l'on met en question cette présupposition, alors cela ne peut se faire rationnellement
que sous les conditions argumentatives dont
l'énoncé serait censément impliqué dans cette
présupposition. Cependant, l'antifondationniste
ne nie pas qu'une telle présupposition d'argumentation soit pour nous incontournable ; il fait plutôt
valoir que ce qui serait pour nous incontournable
ou indépassable n'est toutefois pas à penser
comme tel absolument, mais seulement relativement à une situation présente dont on ne peut dire
qu'elle soit définitive ou représentative de la
condition humaine en général. Apel, on s'en sou-
vient, catalogue cette objection comme « argument de particularité ».

On voit en quoi l'« argument de particularité » s'expose au reproche d'être proprement
aveugle : il ne peut exhiber, à l'appui de son
objection, aucun *concept* de ce que serait une raison *autre* que celle sur laquelle s'appuie la philosophie transcendantale (« transformée » ou non)
pour engager une fondation ultime. D'un autre
côté, cependant, l'argument antifondationniste
peut faire valoir que ce qui vaut *pour nous*, à un
moment donné, n'est pas identique à ce qui vaut
en soi ou en général, et que l'on ne peut présenter
un présupposé actuellement indépassable comme
une fondation ultime de la raison, dès lors qu'un

tel projet présuppose lui-même, subjectivement, la possibilité de dire quelque chose de pertinent sur la raison *en général.* La formulation n'est pas, ici, historiciste, et sous cette formulation, l'« argument de particularité », déclassé par Apel, prend déjà la consistance d'un « argument de finitude ». Il met en relief le fait qu'un fondement ultime de la raison, quant à lui, est *vide,* car aucune *intuition* ou intellection portée dans le mouvement de la vie ne saurait mettre le philosophe à hauteur d'une expérience l'autorisant à prononcer quelque chose de définitif sur la raison en général.

Comme la question de la vérité, celle du fondement ultime de la raison est donc le lieu d'une antinomie — et à vrai dire, toujours, fondamentalement, la même antinomie de l'absolutisme et du relativisme. Simplement, le débat sur la fondation ultime oblige la position « sceptique » à dépasser le contextualisme empirique, ou relativisme vulgaire, afin de relativiser les énoncés transcendantaux eux-mêmes, c'est-à-dire des énoncés portant sur les fondements de droit. D'un côté, aucun *factum* historial ou autre ne semble apte à répondre à cette demande de droit, au sens kantien, tant que la prétendue réponse reste pensée sous la catégorie de facticité pure. D'un autre côté, les postulations d'une fondation ultime sont manifestement trop fortes, compte tenu de notre conscience de finitude, dès lors que la réflexion transcendantale, en tant qu'elle prétend bien à un savoir, doit, elle aussi, pouvoir justifier d'une expérience de référence. Cela nous suggère alors qu'il faudrait ajouter quelque chose à la discussion théorique, quelque chose qui, justement, ne serait pas de l'ordre pur de la théorie.

Ce « quelque chose » ressortit à la raison pratique. Cela se justifie notamment par le fait que l'idée de la raison, sur laquelle Apel fait implicitement fond, lorsqu'il prétend fonder « la » raison, ne consiste *pas*, comme chez Kant, à opposer un entendement ektypique (fini, humain) à un entendement archétypique (créateur, divin), pour ensuite récuser toute prétention à faire valoir comme telle une autre raison, c'est-à-dire, dans ce cas, un autre de la raison. Apel insinue quelque part que l'idée d'*une autre raison*, impliquée dans l'« argument de particularité », reviendrait à postuler *un autre de la raison*, comme si la raison ne pouvait être autre que ce que nous en avons compris aujourd'hui. Bien sûr, il y a du bon sens dans la conviction qu'au niveau fondamental où se situent les énoncés transcendantaux, un niveau où ne devrait pas intervenir la considération de variations socioculturelles, la raison communicationnelle ne risque guère de nous réserver de grosses surprises. Cependant, la question est de principe, et le « dogmatisme » de Apel consiste précisément à critiquer ce qu'il nomme « argument de particularité » sur base d'un argument qu'il conçoit implicitement comme un analogue de l'argument kantien de la finitude ontologique radicale de l'entendement humain. Mais l'« argument de particularité » n'a pas besoin, conceptuellement parlant, de l'hypothèse d'un entendement *radicalement autre* ; il suppose seulement une compréhension *historiquement muable* en ce qui concerne le registre de discours, voire le type de médiation requis pour stabiliser un consensus censément valide. Par exemple, les normes de l'argumentation ne définiraient plus suffisamment la procédure requise au titre de la raison pour valider nos prétentions à la validité. Mais cela n'empêcherait pas nos propositions d'être toujours principiellement accessibles à d'autres et essentiellement partageables entre des êtres capables de comprendre ce qu'ils éprouvent, de dire ce qu'ils comprennent, et de s'entendre sur ce qu'ils disent.

Certes, au regard de la pratique actuelle et de la rationalité qu'elle nous donne à connaître, nous voyons mal quelles procédures, au-delà de l'argumentation, pourraient être requises *en tant que présuppositions nécessaires*, pour que nous

nous sentions mieux fondés à conclure à un consensus raisonnable. D'un autre côté, nous ne sommes pas tenus de situer cet au-delà de l'argumentation comme ce qui porterait nécessairement atteinte à l'idée de la raison. Or, c'est ce qui importe : non pas que nos hypothèses ne dépassent pas notre compréhension actuelle de la raison, mais qu'elles ne contredisent pas l'exigence d'un caractère raisonnable pour nos formes de vie en société. Outre ce postulat de *reasonableness*, le postulat de finitude qui, lui aussi, est foncièrement pratique, implique sans doute que nous refusions de penser une entente qui s'effectuerait sans *médiation* d'aucune sorte. Notre « finitude » — non telle que nous la connaissons, mais telle que nous la postulons — serait sans doute contredite par l'idée d'une entente qui ne suivrait pas de *procédure* et qui n'admettrait pas de *médiation*. Au nom de la finitude, mais aussi, de la raison, nous requérons cette condition, et cela, non pas sur la base cognitive de ce que nous savons au sujet de nous-mêmes, de notre finitude et de la raison en général, mais sur la base normative de ce que nous exigeons au titre de la finitude et de la raison, en référence à un projet d'identité personnelle-universelle. Dans ce cas, l'argument de particularité ne peut être rejeté au titre d'un défaut d'assomption autoréflexive de notre finitude ontologique ou transcendantale. Aussitôt, même, cet argument retourne l'objection de « particularité » contre la fondation ultime, en ciblant l'hypostase qui, comme toute insinuation d'une *nature de la raison*, consiste à présenter comme étant la raison en général ce que nous sommes actuellement en mesure de reconstruire au regard de notre expérience largement partagée de la raison.

« Penser avec Apel contre Apel » ? Cela consisterait ici à renoncer à la fondation ultime sans en détruire l'intention. Au geste spéculatif d'une fondation théorique se substituerait le geste performatif d'une limitation pratique, si bien qu'au lieu d'insinuer un savoir relatif à ce qu'est la raison en général, on suggère un vouloir relatif à ce qui mériterait seulement d'être appelé « raison » — et cela, certes, pour des raisons morales qu'il est toujours loisible de discuter, de critiquer, voire, de réviser.

Mais, demandera-t-on, comment stabiliser dans ce cas le principe pratique contre les attaques sceptiques ? Réponse : en le situant précisément à la hauteur de la limitation transcendantale que Apel invoque pour discipliner le principe criticiste. Non pas que le principe faillibiliste radicalisé, appliqué à lui-même, se prenne dans une contradiction performative. Car l'énoncé :

« toute prétention à la vérité est faillible » ne me semble pas contredit par la présupposition de l'énonciation : je prétends à la vérité. Mais nous ne voudrions pas que la révision puisse s'étendre au principe qui, pour nous, en énonce les conditions rationnelles. Ici, mon argument n'est pas, comme chez Apel, l'infaillibilité des énoncés transcendantaux portant sur la condition de la raison critique. De fait, le *principe de contradiction* sur lequel s'appuie l'argument transcendantal en faveur de la fondation ultime est seulement et ultimement *attesté* par une conscience d'évidence (ce qui renvoie au critère de certitude des philosophies de la conscience). Mais je ne cherche pas ici à relativiser la validité supposée ultime du *principe d'identité* : A = A, que, bien fichtéennement, Apel prend pour principe apodictique premier — ce qui est *sa* conception minimale de la raison. Je veux plutôt suggérer que le sujet de l'énonciation, ou sujet pragmatique, est tenu d'assumer une certaine inadéquation à lui-même, où se réfléchit la différence entre certitude et vérité : il part, certes, d'une certitude pour *prétendre* à la vérité ; mais il assume une différence de principe entre ce qui peut *motiver* sa *certitude* et ce qui peut *fonder* la *vérité* que vise sa prétention. *Il se dépossède*, par conséquent, *des conditions pragmatiques de vérité de son énoncé,* c'est-à-dire qu'*il n'en préjuge pas les conditions d'acceptabilité*. Parce que la stabilisation du principe énonçant la condition de la raison critique n'est pas accessible à son autoréflexion spéculative, elle ne peut venir que de la raison pratique. Chez Apel, cependant, le « cœur sophistique » de son argument transcendantal consiste à préjuger les conditions auxquelles cet argument pourrait être falsifié. Il s'ensuit que, pour lui, ces conditions ne peuvent être que *limitatives*, et c'est là un aspect d'ambiguïté sur lequel j'aimerais revenir sans m'y apesantir.

Apel accepte l'idée que sa fondation soit éventuellement *révisée*. Dans cette mesure, il assume un certain faillibilisme, tout en prétendant à la fondation ultime. Mais, aussitôt, il fait une réserve *sur* cette réserve faillibiliste. Apel remarque, en effet, que, au demeurant, une telle révision de sa fondation ne pourrait censément s'opérer que sous les présuppositions argumentatives précisément affirmées comme fondement de la raison. Donc, soit il ne pense pas sérieusement sa réserve faillibiliste, soit il la réserve à certaines catégories de la validité. C'est bien cette deuxième option qu'il retient : pour lui, une révision de sa fondation ne peut porter que sur la *formulation*, sans en entamer véritablement le principe.

Si l'on éclaire ici cette position dans les termes architectoniques de la pragmatique formelle, cela signifie que la validité de la fondation ultime transcendantale-pragmatique, telle que Apel la conçoit et la formule, ne pourrait être falsifiée par la critique (philosophique) que sous l'aspect de la *Wohlgeformtheit* et de la *Verständlichkeit*, soit, sous l'aspect de la bonne formulation et de la compréhensibilité, mais pas sous celui de la *Wahrheit*. Cependant, Apel n'accorde manifestement aucune valeur décisive, pour la vérité, à toute révision susceptible d'intervenir au niveau de la formulation : il ne s'agirait que d'expliciter mieux ce qui est posé. Dans cette mesure, on peut regarder comme rhétoriques les déclarations de Apel acceptant le principe d'une révision de sa fondation. En réalité, celle-ci se conçoit comme proprement infaillible.

Mais n'y aurait-il pas place pour une version plus critique ? Certes, la fondation transcendantale-pragmatique de Apel est « critique » en ce sens qu'elle n'est pas métaphysique. Non seulement elle est kantiennement conçue comme une critique du sens, mais en outre, cette critique du sens est « pragmatique », en ce qu'elle ne remonte pas à des actes de constitution (du vrai ou du juste) par une conscience assignée à une subjectivité originaire, mais à des actes de valida-

tion par une procédure assignée à l'intersubjectivité.

Reste cependant « dogmatique » la présupposition d'un point de vue théorique, qui pos-
tule la coïncidence de l'« en soi » et du « pour
nous » : la validité possible en général est énoncée à partir d'une réflexion sur les présuppositions de la validation effectuée selon des procédures dont nous avons pu faire l'expérience, au
point d'en reconnaître la nécessité. Cependant, la
prétention à la fondation ultime implique que les
conditions de la validité possible consisteraient
une fois pour toutes dans les présuppositions que
nous pouvons reconstruire grâce à une réflexion
sur nos procédures actuelles de validation. Or,
non seulement ces procédures, formées dans
notre expérience actuelle, ne peuvent sans plus se
présenter comme toute l'expérience possible ou,
du moins, suffisante de la raison en général, mais
rien ne dit qu'elles ne soient susceptibles que de
l'interprétation qu'en offre telle ou telle « fondation » philosophique.

Je mets ici le mot « fondation » entre
guillemets, parce que je soupçonne qu'il s'agisse
en fait d'une *reconstruction*. J'entends par là que
la philosophie transcendantale elle-même doit
présupposer une base historique pour son expérience de référence. Il y a une part irréductible

d'empiricité dans les certitudes de la réflexion transcendantale, et d'historicité dans ses intellections. Toute philosophie qui présente un certain concept de la raison s'appuie sur une expérience paradigmatique de référence, où le monde peut revêtir, comme chez Kant, l'image d'un système d'interobjectivité physique ou, comme chez Hegel, plutôt l'image d'un système d'intersubjectivité éthique. Cela est codé logiquement et substantiellement conditionné par un complexe d'expériences déterminées que l'on retient comme paradigmatiques du monde, monde dont l'image retenue porte des conséquences sur celle de la raison. Ainsi, chez Kant, la raison pratique est conçue par analogie avec la raison théorique ; chez Hegel, la raison spéculative privilégie un schéma dialectique pensé sur fond de relation morale. Et aujourd'hui, on pourrait dire de Apel qu'il situe la raison en général dans l'horizon d'une raison critique.

Cependant, une position faillibiliste n'est pas obligée de s'en tenir à cette réflexion, en récusant toute prétention à la fondation ultime de la raison, sous prétexte que ses propositions ontologiques implicites résultent nécessairement d'une certaine perspective sur le monde (ainsi que l'atteste l'histoire de l'ontologie), en privilégiant certaines expériences qui, à nos yeux (ou à celui du philosophe) correspondraient mieux à ce qu'est vraiment la raison. Un problème plus directement intéressant, dans notre contexte, est de savoir comment honorer une certaine intention de la fondation ultime sans tricher avec le principe faillibiliste, c'est-à-dire en assumant jusqu'au bout la réserve faillibiliste de principe.

La version plus critique dont je parlais est donc celle qui reconnaît la légitimité des arguments de fond en faveur d'une « différence transcendantale » entre facticité et validité, et qui, en conséquence de cette reconnaissance de la *quaestio juris*, dédogmatiserait la prétention à la fondation ultime en la justifiant seulement d'un point de vue moral-pratique explicite. Un élément cognitiviste serait toutefois conservé au niveau spécifique où l'entreprise de *limitation* plutôt que de fondation assume la réserve faillibiliste pour l'argument moral justifiant un *équivalent fonctionnel* de la fondation ultime.

Or, cet argument, quel est-il ? C'est l'idée que la réflexion transcendantale nous a fourni de bonnes raisons de poser la procédure critique de l'argumentation, c'est-à-dire la condition reconnue de la raison critique comme la limite actuelle du raisonnable. De ce point de vue, nous pourrions même regarder comme une approximation de la raison en général ce que, d'ores et déjà, nous tenons pour raisonnable. Cette proposition peut sembler bizarre. Mais elle est moins obscure, si l'on considère que nous savons au moins ce que nous *ne* tiendrions *pas* pour raisonnable, ou, plus précisément, ce que d'ores et déjà, nous refuserions par principe de reconnaître sous le mot de « raison ». Comme disait Max Horkheimer, en interprétant cette proposition de l'Ancien Testament : « Tu ne dois te faire aucune image de Dieu », « [...] Nous pouvons indiquer où est le mal, mais non l'absolument juste [1] ». Ici, une *limitation* de la raison vient en place de sa *fondation*. Son principe serait critico-pratique et non pas critico-théorique.

Quant au contenu, la limite de la raison est toujours ici identifiée à l'énoncé des présuppositions de la critique. Quant au statut, cependant, la nécessité de ce fondement ne serait pas justifiée d'un point de vue transcendantal mais d'un point de vue moral. Autrement dit, on ne fait plus appel à la nécessité théorique d'un « *Müssen* » transcendantal (impossibilité de penser autrement), c'est-à-dire à l'idée d'une absence d'alternative positivement pensable pour une présupposition X, telle que, par exemple l'attesterait l'expérience

---

1. M. HORKHEIMER, « La Théorie critique hier et aujourd'hui », *Théorie critique. Essais*, trad. Collège de philosophie, prés. par L. Ferry et A. Renaut, Paris, Payot, 1978, p. 361.

de la contradiction performative. On fait plutôt appel à la nécessité pratique d'un « *Sollen* » moral (obligation de devoir pratique), c'est-à-dire à l'argument moral implicite du refus de poser par avance le caractère raisonnable d'une identité, communauté ou forme de vie s'imposant en dehors des procédures requises pour une acceptation universelle et sans contrainte. Il s'agit entre autres du refus largement admis aujourd'hui d'accorder un chèque en blanc à l'Histoire universelle. La limite de la raison en général est pensée à l'horizon d'un *droit de résistance spécifique* à tout *factum* d'imposition, si séduisant soit-il, que nous ne saurions penser, oserais-je dire, « à tort ou à raison », que comme *facticité pure*. On en arrive à cette proposition qui n'est tautologique qu'en apparence : *doit* être regardé comme limite de la raison possible en général ce que, avec toutes nos limitations, nous tenons ici et maintenant pour la présupposition indépassable d'une pratique raisonnable.

Contrairement, peut-être, aux apparences, il ne s'agit toutefois pas ici de limiter théoriquement l'*idée* de la raison au *concept* que nous en avons. *Théoriquement,* nous pouvons admettre que la raison, quant à son Idée, c'est-à-dire quant à son droit de transcender toute représentation actuelle, n'est pas réductible au concept que nous

en formons implicitement, lorsque nous prétendons à une fondation ultime. Mais *pratiquement*,
on peut, compte tenu de l'état actuel de nos intellections relatives à ce qui est acceptable et raisonnable en général — et toute réserve faillibiliste
étant faite à ce sujet —, tenir fermement à ce que
rien d'autre qu'un argument meilleur puisse
remettre en cause un consensus rationnellement
obtenu. En ce sens, on donne bien *quitus* à la
définition apelienne des conditions « pragmatico-
transcendantales » de la validité possible en général. Mais l'argument sous lequel on reconnaît ce
fondement argumentatif-procédural de la validité
n'est pas, encore une fois, un argument transcendantal.

    Cela résulte d'une histoire de l'argumenta-
tion philosophique, ou plutôt d'une reconstruction nous invitant à tirer du tournant pragmatique
des conséquences critiques à l'égard des para-
digmes de la conscience ou du sujet. Apel autant
que Habermas admet que ce tournant a pour
conséquence un décentrement du point d'Archimède proclamé par les Modernes : le centre de
gravité de la validité devrait se déplacer de la
subjectivité vers l'intersubjectivité. Cependant,
cette situation est aussi bien opposable au philosophe qui prétend à la validité. Pour lui également vaut le principe selon lequel, plutôt que « de

reposer sur un sujet connaissant qui souhaite faire valoir quelque chose, sans être contredit, la validité est conçue et produite par ce que tous peuvent unanimement reconnaître comme universel [2] ».

Pourquoi le geste, pourtant universaliste, n'est-il pas transcendantal ? On a l'impression que l'allusion de Habermas au « sujet connaissant qui souhaite faire valoir quelque chose sans être contredit », même si elle n'est pas dépourvue de toute intention polémique à l'endroit de Apel, vaudrait plutôt contre Descartes qui, à la différence de Kant et, en tout cas, de Fichte et, plus clairement encore, de Hegel, identifiait certitude et vérité. Dans sa théorie d'un usage régulateur des Idées de la raison, Kant ouvre, en effet, la perspective d'une « tâche infinie » pour le travail scientifique. Cependant, il ne semble pas avoir introduit cette « différence pragmatique » entre certitude et vérité, pour ce qui est du savoir propre à la Critique. En tant que connaissance transcendantale, la connaissance philosophique est principiellement distincte d'une connaissance scientifique empirique. Or, chez Kant, cette connaissance philosophique, qui est un savoir de

---

2. J. HABERMAS, *Théorie de l'agir communicationnel*, Paris, Fayard, 1987, t. I, p. 89.

réflexion, ne semble pas assignée au même régime de progrès indéfini, asymptotique, que celui de la connaissance scientifique, puisque, dans le « domaine » de la réflexion transcendantale (que Kant, au demeurant, ne reconnaît pas comme « domaine »), c'est la philosophie qui, en tant que Critique, désigne la limite au-delà de laquelle toute tentative d'explication serait vaine et déployée en pure perte.

Par rapport à l'idéalisme transcendantal, de Kant à Apel, Habermas, plus hégéliennement, revient sur la distinction entre transcendantal et empirique. Sans la liquider, il la relativise, et cela à un double égard.

Tout d'abord, lorsqu'il s'agit de dégager des règles formelles de compétence (qu'il s'agisse de la connaissance ou de l'intercompréhension langagière), nous avons bien censément affaire avec des règles *effectivement* mises en œuvre. Nous pouvons, comme Piaget ou Chomsky, reconstruire une compétence à base de règles sans faire résulter ces dernières des performances plus ou moins strictement autoréflexives de « déductions » orientées vers un fondement ultime, qu'il s'agisse du « je pense » de l'aperception pure, chez Kant, ou de l'« *a priori* de la communauté communicationnelle », chez Apel.

Ensuite et surtout, les conditions qui fondent la validité possible, c'est-à-dire les principes pragmatiques de justification offerte par des arguments, ne sont pas fondées dans la certitude d'une réflexion transcendantale faisant l'expérience des limites du pensable (pour elle), limites qu'elle identifie aussitôt à celles du possible (en soi ou en général). Elles ne sont pas fondées kantiennement, comme chez Apel, du point de vue d'une conscience philosophique qui absolutise l'absence d'alternative authentiquement pensable par son entendement fini, en ontologisant cette finitude. Habermas considère plutôt, me semble-t-il, la chose suivante : à chaque fois que des individus vivant en société font l'expérience réflexive d'une limite de ce genre, ils ont alors la pierre de touche permettant de reconnaître un universel non empirique dans les présuppositions, pour eux, incontournables et nécessaires, de leurs pratiques coopératives.

On entrevoit la structure de cette détranscendantalisation. En fonction d'une dissociation entre certitude et vérité, dissociation valable pour la conscience philosophique elle-même, les limites systématiques dont celle-ci fait l'expérience dans l'autoréflexion ne fournissent plus l'argument d'une fondation ultime de la raison, si incontournables que soient *pour nous* ces limites réflexives. « Pour nous », c'est-à-dire, ici, non pas pour le philosophe (ce qui serait un « pour nous » hégélien), mais pour la communauté actuelle de communication que nous pouvons former. Maintenant, c'est seulement de l'intérieur de cette communauté communicationnelle, que la limite nous apparaît absolue. Elle doit être pensée comme absolue du point de vue *interne* des participants de la communication, pour autant que ces derniers se posent ce genre de question. Mais sitôt que le philosophe adopte une perspective *externe* sur les idéalisations qui, dans la pratique du monde vécu, pourraient rejoindre ses présuppositions ultimes, cette objectivation l'oblige conceptuellement à relativiser ses énoncés transcendantaux. Cependant, pour autant qu'elle se raccorde aux expériences réflexives des acteurs sociaux, l'expérience philosophique de la limite n'est pas rien, puisqu'elle permet à une communauté de *postuler* le caractère universel de la validité à laquelle elle prétend pour les énoncés relatifs aux présuppositions qui, pour elle, sont incontournables. Ici, le « débat Kant-Hegel » n'est pas tout à fait dépassé. Il conserve toujours une pertinence. N'est-ce pas l'élément kantien « détranscendantalisé » par suite d'une critique inaugurée par Hegel, qui, aujourd'hui encore, permet de concilier universalité et contextualité, sans faire de l'universel un universel empirique, tant que l'on ne fait consister son droit que dans la visée de transcendance propre aux prétentions à la validité dont nous devons assortir nos énoncés ? De son côté, la réflexion transcendantale est justifiée, non comme *organon* de fondation ultime, mais comme puissance de fondation tenue aux limites d'une conscience phénoménale. Résumons : ce qui, d'une perspective interne, peut nous apparaître comme un fondement ultime de la raison, même s'il a *pratiquement* (pour la raison pratique) valeur *catégorique*, n'a *théoriquement* (pour la raison spéculative) qu'une valeur *problématique*. À l'inverse, c'est justement dans la mesure où, comme le fait K. O. Apel, on prétend accorder à ce fondement une valeur théoriquement catégorique, que ce fondement devient pratiquement problématique [3].

---

3. J'ai montré ailleurs dans le détail (*Habermas. L'éthique de la communication*, Paris, PUF, 1987, III, chap. X, « Éthique et communauté. Les fondements de l'éthique et la discussion avec Apel, Popper et Albert », p. 475-520) l'ambiguïté d'une stratégie conceptuelle qui, chez K. O. Apel, du moins dans le dernier chapitre de *Transformation der Philosophie* (Francfort-sur-le-Main, Suhrkamp, 1973, t. II, II, chap. VII ; trad. R. Lellouche, *L'Éthique à l'âge de la science. L'*a priori *de la communauté communicationnelle et les fondements de l'éthique*, Lille, PUL, 1987), consiste à vouloir fonder l'*éthique* de la discussion en établissant le caractère logiquement (réflexivement) incontournable et transcendantalement indépassable du *principe* de la discussion. Apel insinue, ce faisant, que la *présupposition transcendantale* de discussion vaudrait comme une *obligation morale*, par le fait que l'on ne peut la

Il faut peut-être supposer, chez Habermas, ce « moment hégélien » qui permet de respecter sans l'ontologiser la limite dont la réflexion transcendantale fait l'expérience, une expérience relativisée par celle de l'autoréflexion phénoménologique. Certes, la limite que nous indique Apel nous est bel et bien incontournable. Mais, détaché de toute référence contextuelle, l'universel perd son sens. Ce sens est déjà problématique dès qu'il doit être reconnu dans un autre contexte. Mais le contexte à l'intérieur duquel, de façon catégorique, des prétentions peuvent être reconnues comme universellement valables est le point d'appui de la transcendance. En même temps, il est le milieu vivant des discussions où s'élabore pratiquement la limite de compréhension dont le philosophe fait l'expérience dans l'exercice théorique de sa réflexion. Cette dernière est comme la *ratio cognoscendi* d'une limite dont le monde vécu, la *Lebenswelt*, est la *ratio essendi*.

___

récuser. Je parle à ce sujet d'un transfert illicite du *Müssen* transcendantal vers le *Sollen* moral. Face à Popper, Apel dénie à l'antirationaliste la possibilité reconnue de refuser la raison. Il conteste par là ce « droit de particularité » (Hegel), attaché au libre arbitre de l'individu qui pourrait toujours dire non à la raison, sans cesser d'être un sujet de droit. Ici, l'absolutisme transcendantal porterait des conséquences antilibérales au niveau de la philosophie du droit, outre qu'il se retournerait contre l'intention philosophique de Apel : fonder la moralité. Car, si l'on ne peut fonder la possibilité de dire non à la raison, on ne peut fonder la possibilité d'y dire oui.

6.

L'antinomie de la fondation ultime

Comment faire droit aux deux perspectives : la perspective interne des participants à la discussion, et la perspective externe de l'observateur qui considère, pour ainsi dire, derrière le dos des acteurs, la façon dont se constituent les procès d'entente, en fonction des ressources propres du monde de la vie ? Si l'on admet que le monde vécu est l'infrastructure naturelle de la réflexion philosophique, y compris de cette métaréflexivité qui permet de relativiser les énoncés transcendantaux (car nos contextes de monde vécu ont intégré la dimension verticale de l'expérience historique), alors c'est la *même* raison qui, chez Kant (et Apel), fait conclure à un fondement ultime, et qui, chez Hegel (et Habermas), fonde l'idée que le philosophe ne peut sauter par-dessus son époque. Dans le premier cas, l'indépassable auquel on se heurte fait signe vers une *nature* de la raison, et dans le second cas, vers une *histoire* de la raison. Mais, pas plus que dans le premier cas, le philosophe n'est, dans le deuxième cas, autorisé à transcender l'expérience situant la limite systématique de notre prétention à la vérité. Si rien ne nous autorise à absolutiser la limite comme fondement ultime de la raison en général, nous ne sommes guère plus en mesure de relativiser cette limite par l'invocation purement incantatoire d'une autre compréhension à laquelle nous n'avons pas accès. Au « fondement ultime », en effet, force est de reconnaître que nous ne pouvons opposer qu'une négation *indéterminée*.

Étroite est pour cette raison la voie qui s'offre à celui qui veut éviter le fondationnisme sans tomber dans le contextualisme — une croix philosophique de notre situation actuelle. En effet, une philosophie qui n'a nullement renoncé à fonder les prétentions universalistes à la validité ne peut se contenter d'un universel contextuel, même si ce dernier est pensé de telle sorte qu'il n'est pas empirique. Pour autant que la philosophie s'efforce toujours de penser la raison, il lui

faut désigner pour cette dernière une limite défi-
nitionnelle qui échappe tout à la fois aux conséquences absolutistes d'une stratégie autoréféren-
tielle de l'argument transcendantal en faveur de la
fondation ultime et aux conséquences relativistes
d'une contextualisation (toujours) objectivante de
la visée fondationnelle de cet argument. Sans
doute, la limite transcendantale désignée par Apel
a-t-elle une définition critique, non métaphysique,
résultant du tournant pragmatique, car elle
consiste dans l'idée d'une *procédure* universellement valable en droit pour la validation de nos
propositions relatives à ce qui est ou à ce qui doit
être, et non pas (comme le juge à tort Wellmer)
dans l'idée d'un *contenu* idéal de perfection
morale ou de transparence communicationnelle.
Cependant, si le *fondement* est pragmatique, la
fondation reste toujours attachée au caractère
autoréférentiel des philosophies de la conscience.
C'est là que l'on touche à l'aspect méthodologique : celui de la divergence entre reconstruction
et fondation.

　　Du côté de la fondation, il y a peut-être un
sophisme venant de ce que l'on confondrait
l'impossibilité de concevoir une *réfutation* des
arguments transcendantaux avec l'impossibilité
de penser leur *réfutabilité*. Dans une telle confu-
sion s'enracinerait le noyau dogmatique de la pré-

tention à la fondation ultime. Or, si l'on tient à cette réfutabilité de principe (alors même que l'on serait incapable d'envisager positivement la moindre réfutation, du moins, dans l'état actuel de nos limites réflexives systématiques), cela veut dire que l'on *refuse* de donner le dernier mot au philosophe, quant au fondement de la validité possible, y compris lorsque ce philosophe entend dire lui-même sous quelles conditions on pourrait lui retirer le dernier mot. Dans ce débat, nous sommes à un moment d'inflexion de la discussion philosophique contemporaine : à la différence, en effet, des destructeurs professionnels de la « métaphysique », celui qui somme la philosophie de s'autolimiter ne le fait pas pour contester le droit de la raison, mais pour contester au philosophe le monopole de dire ce droit.

Du côté de la reconstruction, le renoncement « postmétaphysique » à toute prétention fondationnelle ne doit pas se payer d'un réductionnisme naturaliste ou historiciste abolissant l'indispensable « différence transcendantale » entre validité et facticité. On ne peut aujourd'hui résoudre la difficulté en s'en remettant au *fait* que, comme l'avait remarqué Hegel, « le principe du monde moderne exige que ce que chacun accepte passe pour quelque chose de légitime ».

Même si cette légitimité suppose un passage obligé par l'argumentation, ce fait de la modernité ne suffit pas par lui-même à fonder rationnellement la volonté de raison. Il faut aussi pouvoir le penser comme faisant droit par-delà toute facticité historique. À cette première difficulté s'ajoute une seconde : la question actuelle n'est plus seulement de savoir si ce que nous acceptons doit être tenu pour raisonnable, mais ce qu'il convient de penser comme raisonnable. Le problème actuel, en d'autres termes, n'est plus seulement le critère de l'acceptabilité, mais le critère de la « raisonnabilité » elle-même. Or, ce critère, il semble que nous ne puissions nous autoriser à le situer ailleurs qu'à la limite de nos présuppositions indépassables (par la réflexion transcendantale). Non pas que celles-ci puissent servir d'argument spéculatif pour une *fondation transcendantale* de la raison en général. Mais elles peuvent toujours offrir un argument intuitif pour situer l'*horizon procédural* au-delà duquel ce que, d'aventure, nous accepterions, *ne devrait pas* être tenu pour raisonnable. Voilà ce que, me semble-t-il, nous apercevons à travers l'« antinomie de la fondation ultime » : c'est seulement en devenant pratique que la postulation d'un fondement ultime cesse d'être dogmatique ; et c'est en déterminant ainsi, comme un objet *pratique*, la limite procédurale d'une forme de vie raisonnable pour nous, que *la question de l'éthique* se trouve proprement posée [1].

---

1. Par « objet pratique », j'entends non pas spécifiquement ce dont la réalisation présuppose une volonté moralement bonne, ou encore, ce dont la représentation devrait pouvoir, sans autre motivation qu'elle seule, déterminer pratiquement une telle volonté, et s'imposer à celle-ci catégoriquement, mais ce dont la normativité ne peut être établie qu'au regard de ce qu'il convient de ne pas transgresser pour une pratique communautaire raisonnable, et non pas au regard de ce qu'il est impossible de dépasser pour une critique philosophique conséquente. En effet, fonder théoriquement cette limite procédurale de façon autoréflexive, en tant que condition de la raison critique, ne revient pas à la justifier moralement de façon discursive, en tant que norme de la raison pratique. Une telle justification morale n'est toutefois pas ici conçue dans la perspective où elle fournirait aux sujets sociaux, pour autant qu'ils soient raisonnables, un objet du *vouloir,* c'est-à-dire les motivations d'un agir conforme à cette norme, mais plutôt dans la perspective où elle conférerait un statut normatif à la limite autoréflexive de la raison *critique,* qui n'est qu'un objet du *savoir,* en en faisant par là et seulement ainsi un objet pensable de la raison *pratique,* c'est-à-dire un objet du *devoir.*

Table des matières

Avant-propos... 7

1. Après le « tournant linguistique », universalisme et contextualisme.. 9

2. L'antinomie de la vérité, absolutisme ou relativisme ?... 29

3. Mise au point sur le mythe de la « transparence rence communicationnelle ».................................. 47

4. La fondation ultime de la raison............................ 65

5. « Penser avec Apel contre Apel » 95

6. L'antinomie de la fondation ultime....................... 117

« HUMANITÉS »
Collection dirigée par Jean-Marc Ferry

La tradition ne manque pas de « grands textes » s'accommodant de petits formats. Dans la concision s'exprime encore la discipline pédagogique de ceux qui ont quelque chose à faire comprendre. La collection « Humanités » a pour objet de susciter des interventions relativement brèves, denses, dans les divers domaines de la philosophie et des sciences humaines. L'accès en traduction à des travaux étrangers sera également favorisé afin d'ouvrir plus activement la discussion française à des débats théoriques contemporains dont l'enjeu est le plus souvent éclipsé par l'avant-scène de fausses actualités.

Deux soucis justifient la collection : assurer efficacement auprès de ses lecteurs une information culturelle décloisonnée, pluraliste et vivante, mais aussi loyale et sans complaisance, où la clarté objective est préférée à l'apparente facilité : offrir à ses auteurs une occasion de mettre leur pensée en forme et au clair, sans trop s'embarrasser de conventions rhétoriques ou de modes intellectuelles. Tout en s'attachant à couvrir un large éventail d'intérêts, « Humanités » doit fournir un outil de recherche aux étudiants, doctorants et enseignants, qui pourront y trouver aussi un lieu pour la publication de leurs travaux.

Jean-Marc Ferry, *Philosophie de la communication,* I, *De l'antinomie de la vérité à la fondation ultime de la raison.*

Charles Taylor, *Le Malaise de la modernité.*

Jacques Lenoble, *Droit et communication. La transformation du droit contemporain.*

Eric Voegelin, *Les Religions politiques,* texte traduit et présenté par Jacob Schmutz.

La photocomposition de cet ouvrage
a été réalisée par
GRAPHIC HAINAUT S.A.
59690 Vieux-Condé

Achevé d'imprimer en février 1994
dans les ateliers de Normandie Roto Impression s.a.
61250 Lonrai
N° d'édition : 9723
N° d'imprimeur : I4-0278

Dépôt légal : mars 1994